天
Borderless
下

公司法有张力

股东手册

Shareholder's Handbook

张 力——著

法律出版社 LAW PRESS·CHINA
——北京——

图书在版编目（CIP）数据

股东手册 / 张力著. -- 北京 : 法律出版社, 2025.
（公司法有张力）. -- ISBN 978 - 7 - 5244 - 0532 - 0

Ⅰ. D922.291.914

中国国家版本馆 CIP 数据核字第 2025S5Z545 号

股东手册 **GUDONG SHOUCE**	张　力 著	责任编辑 杨悦芊 装帧设计 李　瞻

出版发行 法律出版社	**开本** 710 毫米 × 1000 毫米　1/16
编辑统筹 学术·对外出版分社	**印张** 18.75　　**字数** 200 千
责任校对 李慧艳	**版本** 2025 年 8 月第 1 版
责任印制 胡晓雅　宋万春	**印次** 2025 年 8 月第 1 次印刷
经　　销 新华书店	**印刷** 三河市兴达印务有限公司

地址:北京市丰台区莲花池西里 7 号(100073)

网址:www.lawpress.com.cn　　销售电话:010 - 83938349

投稿邮箱:info@lawpress.com.cn　　客服电话:010 - 83938350

举报盗版邮箱:jbwq@lawpress.com.cn　　咨询电话:010 - 63939796

书号:ISBN 978 - 7 - 5244 - 0532 - 0　　**定价**:78.00 元

凡购买本社图书,如有印装错误,我社负责退换。电话:010 - 83938349

写在前面

“为人父母是世界上最难的事”，这话大概多数为人父母者不会反对。从“公司是股东合作一起生的孩子”这个角度来讲，做股东的确是比做父母更难的事。难怪，当前大家认为成功的英伟达公司创始人黄仁勋先生在一次接受采访的时候回答：如果可以重来，他也不会选择做公司，因为做公司的困难超出了想象！

所以，“公司法有张力 1 + N”系列的第二本小册子一定要献给公司的股东们。感谢股东们为我们这个社会所作的伟大贡献！因为没有他们，就没有公司，整个社会的增量财富可能无处找寻，这是社会各方面需要尽最大努力鼓励股东们设立公司、进行投资的原因。

换个角度，股东作为公司剩余财产的所有者，在公司成功的情况下可以按照预期获得对公司债务的有限责任，获得投资收益以及公司剩余财产；一旦公司失败，股东不仅无法按照预期获得投资收益和公司剩余财产，对公司债务的有限责任可能还不能免除。所以，虽然公司设立和经营过程中的所有主体：公司、董监高、供应商/客户/提供借款的银行(公司债权人)、员工和社区等都全面参与了公司设立和经营过程,并不同程度地承担了公司设立和经营失败的风险,但股东一定是最终的法律责任承担者。这是我们鼓励股东们投资,并全力防止他们投资失败的原因。

这里的股东是广义的,包括大股东、小股东、公司创始人和财务投资人[风险投资基金(Venture Capital,VC)、私募股权基金(Private Equity,PE)以及证券市场二级股票投资人]/战略投资者、国有股东、外资股东、自然人股东和机构股东(包括法人股东中的国有企业、非国有企业、上市公司,非法人股东中的合伙企业等)。

股东的分类如图 A-1 所示。

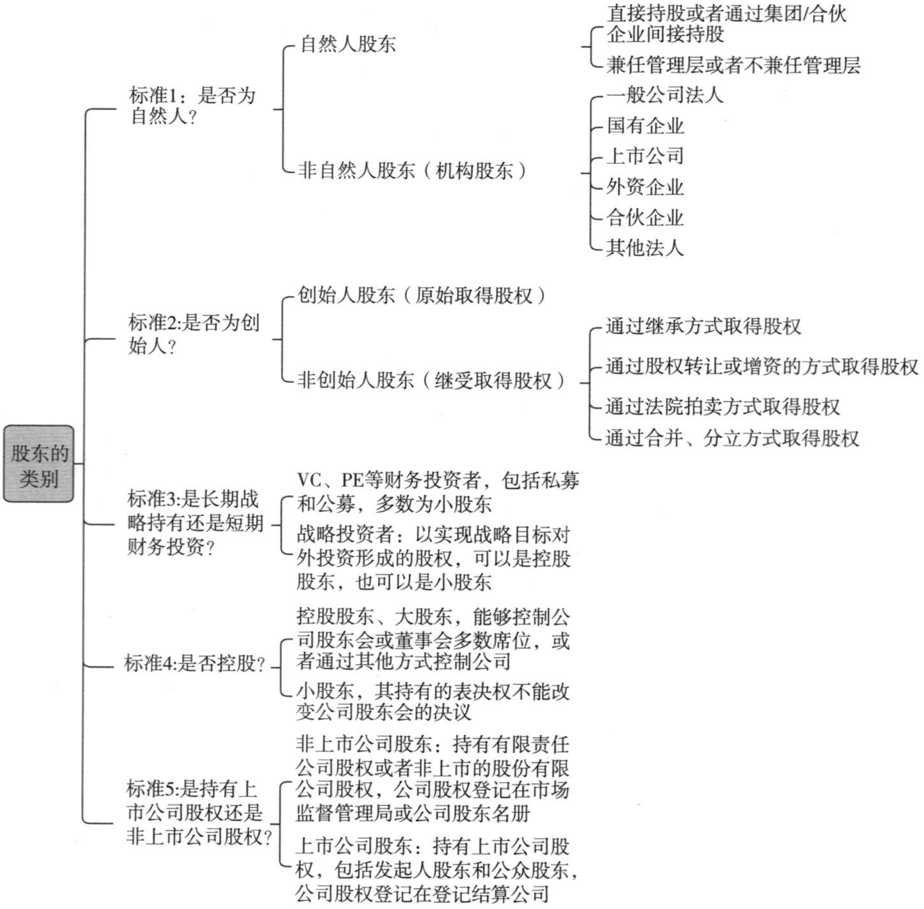

图 A-1　股东的类别

根据“木桶理论”，成功需要满足很多条件，失败有时候可能只是因为存在一块短板。从公司法和法人治理角度看，最常见的公司失败原因包括：股东关系错误、法人治理失灵导致公司没有真正建立独立意志、对董事高管的授权/激励和约束机制无效，更不必说企业文化等深层次的影响。

同时，我们也要清醒地认识到，对“摸着石头过河”——脱胎于农业社会和计划经济模式的国内公司来说，经过了前面30多年的爆发式的增长，有幸存续的企业正处于规模化组织化的阶段，如果还依赖原来的路径和行为模式，这个过程是走不下去的。

要走下去就需要建架构、定规矩、强化组织的力量，尤其是顶层架构和法人治理制度。只有这样，才能让公司这个“虚拟的人”独立于股东，真正长出“大脑”，能够正确决策；具备“强壮的体魄”，能够执行正确的决策；同时具备“敏捷的纠错能力”，快速、坚定地纠正决策和执行过程中的错误。那些困境下逆风飞扬的企业大多悄悄做到了这些。

本书写作初衷同2016年出版的《领读公司法》和2018年出版的《律师谈公司治理》，即将艰涩难懂的法律语言翻译成通俗易懂的商务语言，为商务人士贡献一个法律的视角，为他们实现公司尽量少走弯路、不犯大的错误、走得更远的目标贡献价值。

作为公司法实务丛书，为考虑读者需求，最大限度增加可读性，我在前面已经出版的《领读公司法》和《律师谈公司治理》的基础上，作了些系统化、体系化的安排，调整为“公司法有张力1+N”系列丛书（见图A-2），《股东手册》为“公司法有张力1+N”系列丛书中N的部分。本书写作思路受延海兄关于航空公司飞行员使用的《飞行员手册》思路启发[《飞行员手册》包括三部分内容：第一部分是飞行原理（包括机械、电子、通信等）；第二部分是飞机从准备起飞到飞行到安全降落的完整操作流程;第三部分是飞行故障的快速检测单,便于飞行员在飞行过程中快速检测故障并采取正确的措施解决问题,确保安全飞行]。

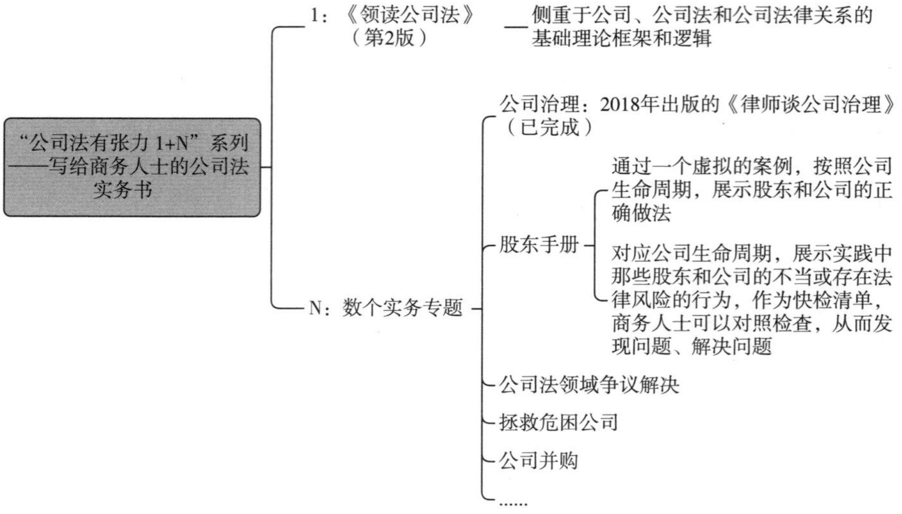

图 A-2 "公司法有张力 1+N"系列图书框架

其中的"1"是《领读公司法》(第 2 版),相当于《飞行员手册》中的原理部分,侧重于公司、公司法和资本市场的基础知识和理论框架。本次修订从"公司法律关系"这个概念入手(公司法律关系即公司法调整的,股东、公司、董监高、债权人四方主体,在公司设立和运营过程中形成的 7 组法律上的权利义务关系),将这 7 组法律上的权利义务关系掰开揉碎,并结合案例给大家讲清楚。从公司法律关系这个角度,协助商务人士更好地理解问题的实质。

其中的"N"是指数个公司法实务专题册子,《股东手册》属于第二个专题(第一个实务专题是《律师谈公司治理》)。《股东手册》从法律视角,以股东身份,通过让一个虚拟的公司(A 公司)顺利走完公司全生命周期[设立阶段(0～1年)➡生存阶段(1～5年)➡成长阶段(5～10年)➡成熟阶段(10～20年)➡持续发展阶段(20年以后)],来展示股东通常的行为,相当于《飞行员手册》的飞机操作流程部分;同时列示公司生命周期内那些常见的股东不当行为,相当于《飞行员手册》的飞行故障快速检测单部分。

以公司全生命周期为脉络,在每个阶段详细列示了如下内容:

➡ A公司在不同发展阶段需要面对和决策的重大问题。

➡ A公司股东在公司不同发展阶段所采取的行动。

➡ A公司和股东在公司不同发展阶段的正确做法给我们的启示。

➡实践中在公司不同发展阶段的常见错误(为便于识别,我们将这部分内容以分割线为界做了标识,便于大家查阅)。

通过这样的架构安排,商务人士可以更加直观地了解公司在不同生命周期的那些通常行为和正确做法,并对照检查,从而更好地发现和解决自己公司的问题。

除上述主要内容外,《股东手册》还对股东关心的资本市场、公司并购、股权激励、外部投资人引进等热点问题,以及公司法人人格否认、公司解散/清算/重整/破产、股权继承、股权退出、公司传承、不同身份股东实践中的关注点等实务问题作了专题说明。对于股东来说,了解这些规则,有进有退,方得自如。

关于公司分类问题,本册子沿用私公司与公众公司的分类方法(见图A－3),2023年《公司法》修订规定非上市股份公司可以约定股份转让受限,并出现了"股份转让受限的股份有限公司"的称谓,这为未来进一步向多数国家通行的"私公司与公众公司""股份转让受限的公司与股份转让不受限的公司"的分类方法转变提供了助力。

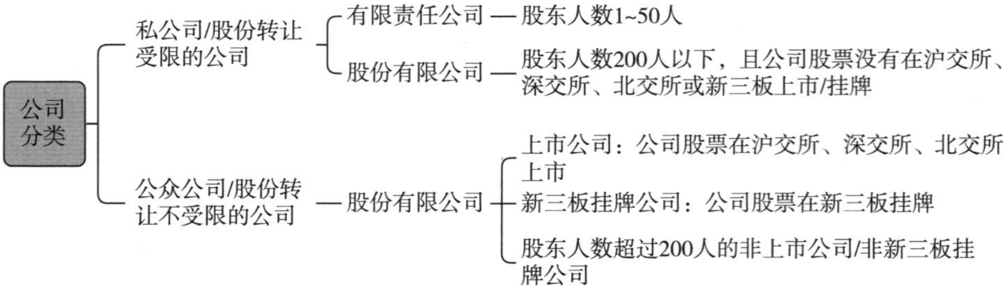

图 A－3　公司分类

本书模拟的 A 公司经过艰难努力，完成了从私公司到公众公司的身份转换，2000 年设立后于 2018 年底登陆资本市场，成为公众公司。所以，我们认为 A 公司案例不仅对初创公司、小规模公司有借鉴意义，对于大规模公司和上市公司也有一定的借鉴意义。

如果大家在阅读过程中有不容易理解的问题，可以向上翻找《领读公司法》（第 2 版）中对应的说理（原理）部分。如果大家喜欢，未来根据需要可以持续推出其他专题手册。

毋庸置疑，作为市场经济主体的公司在实践中千差万别，它们会因所处的时代、业务和行业、股东、地域等各种不同而不同。我们尊重这些差异，同时我们试图从法律角度将共性提炼出来，如果这些具有普遍性的内容和常识能够对各位股东有所启发，则是本书之幸！作者之幸！

还是那句话，希望本册子能对大家有用，并祝愿大家投资成功，做个成功的股东！

张　力

目　录（简目）

目　录（详目）

图目录

开　篇

公司生命周期的五个阶段

BEGINNING

众所周知,股东们在初始设立公司(如有限责任公司)时,需要明确该公司的经营期限/存续期间,并将其记载到公司章程和营业执照中。这个时间可以是3年、5年、10年、30年、50年不等。股份公司可以长期经营或永续存在。但事实上,统计数据显示国内企业平均生存期不长,[①]最近10年的数据应当更令人悲观,也就是说,多数企业没有按照股东预期走完自己的生命历程。

那么,如何让公司按照股东初始设计的预期发展?公司如何走好自己的生命历程?如何完成每个生命周期的目标,实现投资收益后退出;或者持续持有,完成公司传承?这些都是大家关心的问题。

为协助大家理解,我们借助养育孩子这个过程。我们经常把做公司比喻成股东们合作生孩子,股东之间的关系可以比喻为婚姻关系,做公司的过程也可以类比养孩子的过程。下面这幅漫画(见图0-1),[②]可以非常形象地展示二者的相似之处。

---

① 参见《工商总局近日发布全国内资企业生存时间分析报告》,载环球网,https://china.huanqiu.com/article/9CaKrnJBzUe。

② 漫画作者:张瀚元。

做公司OR养孩子

创业从 Idea 开始

约会，多交流

走，一起去募资

公司出生啦！报户口去~

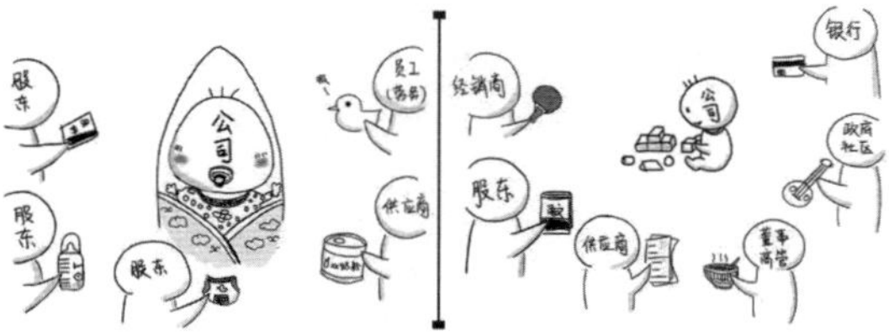

股东呵护　　　　各方支持

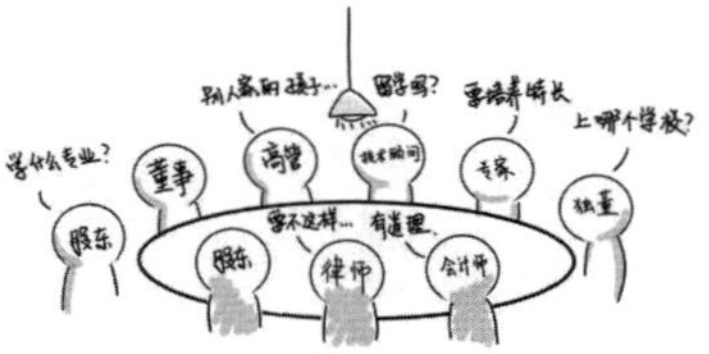

好好开会，集思广益

公司自立是所有股东的目标

但是

不是所有的公司

都能成功

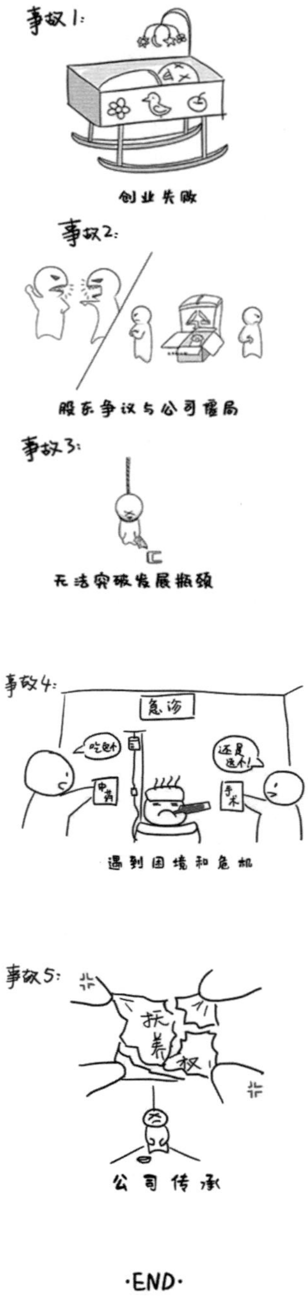

图 0－1　关于做公司与养孩子的一组漫画

关于养育孩子,父母基本达成一致的观点是孩子自立是培养孩子成功的目标,自立的标准无非是孩子能够在不依赖父母的情况下独立应对自己的工作并组建家庭,实现财务独立和人格独立。但孩子自立前要经过婴儿期、幼儿期、学龄前期、少年期以及青年期各个阶段,每个阶段有不同的使命,每个阶段的历史使命实现了,才能顺利进入下一阶段。

类比来看,设立公司的最终目标也是公司成功,即公司能够不依赖股东的帮助,在股东会和董事会层面形成自己独立的意志,建立自己的组织架构和团队,建立现代企业制度和完善的法人治理体系,能够不断向客户和市场推出成熟的产品和服务,为社会创造价值,持续实现盈利能力,为股东实现投资回报,满足员工、董监高和债权人(供应商、客户、银行等)利益,同时履行社会责任,为社会和当地政府解决税收和就业问题。达到公司自立这个目标基本也需要20年左右的时间。所以,我们说做公司和养孩子二者在逻辑和理念上有诸多相似之处。

公司全生命周期也可以分为以下5个阶段。(见图0-2)

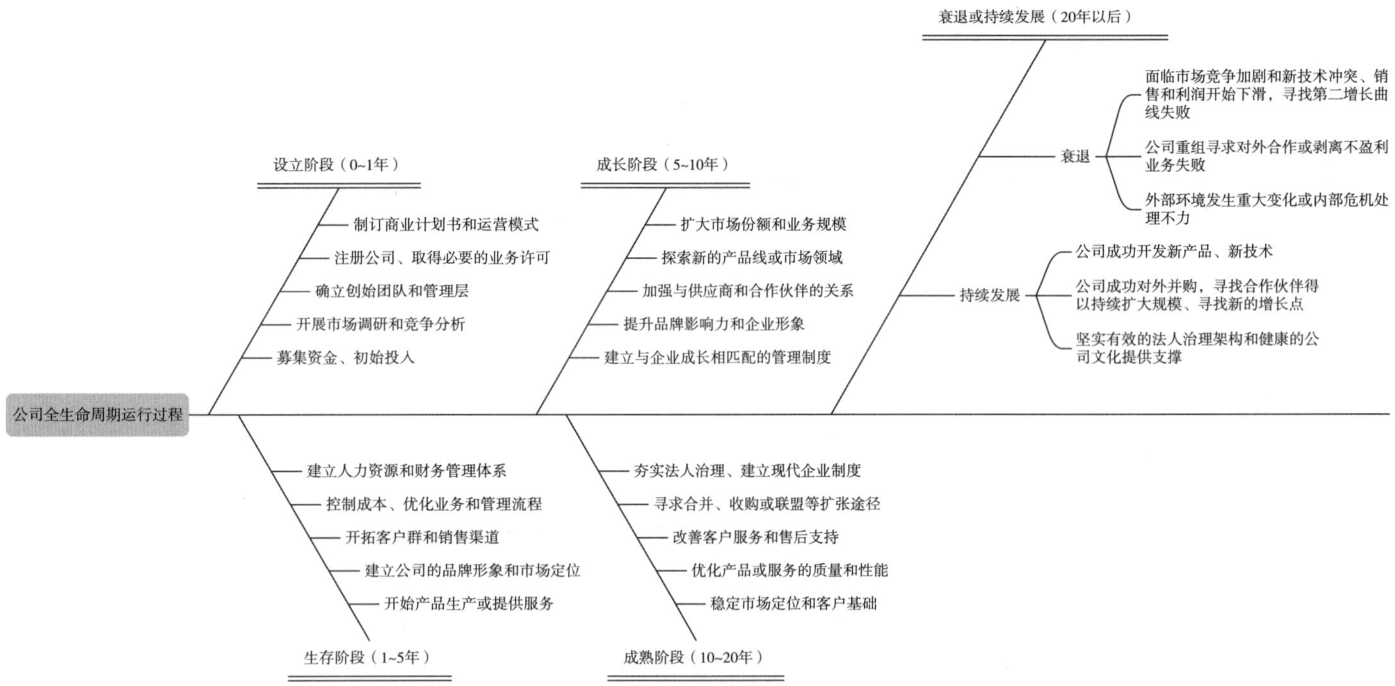

图 0－2　公司全生命周期运行过程

但是,做公司与养育孩子不同的是,现代社会条件下多数孩子能够完成全生命历程,公司却可能随时终止生命历程而无法进入下一个阶段,多数公司甚至没有完成5年生存期历史使命而夭折。

即使公司幸运地度过了生存期,但在成长期、成熟期以及成熟期后的任一阶段内,如果其在关键事件上决策错误,都可能再次导致失败(见图0-3)。

那么,如何让我们的公司能够按照股东的意愿活得更久,走得更远?如何让我们的公司能够为股东、董监高和员工、供应商、客户以及社会创造更多的价值?作为提供公司法和资本市场法律服务的律师,我愿意为此贡献一个法律视角,同时设置一个模拟案例(A公司),让它按照我们共同的美好意愿持续走完全生命周期,以此协助股东们更好地理解如何做好自己的公司,解决自己的问题。由于A公司经历了生存期、成长期、成熟期三个阶段,并进入资本市场,成为上市公司,所以,A公司在不同阶段的行为模式,对那些大规模公司的股东来说也有一定的借鉴意义。

模拟案例A公司基本信息

1. 注册资本:500万元。出资方式:现金,分两期5年内完成出资。

2. 股东和股权结构:甲股东出资300万元,占比60%,担任公司董事长、总经理,全面负责A公司的经营和管理事务;乙股东和丙股东各出资100万元,各占20%,均担任公司副总经理,分别负责A公司的技术研发和销售工作。

3. 成立时间:2000年1月1日。

4. 业务:传统工业生产。

5. 公司设立时租赁厂房、办公室,招聘人数10~20人。

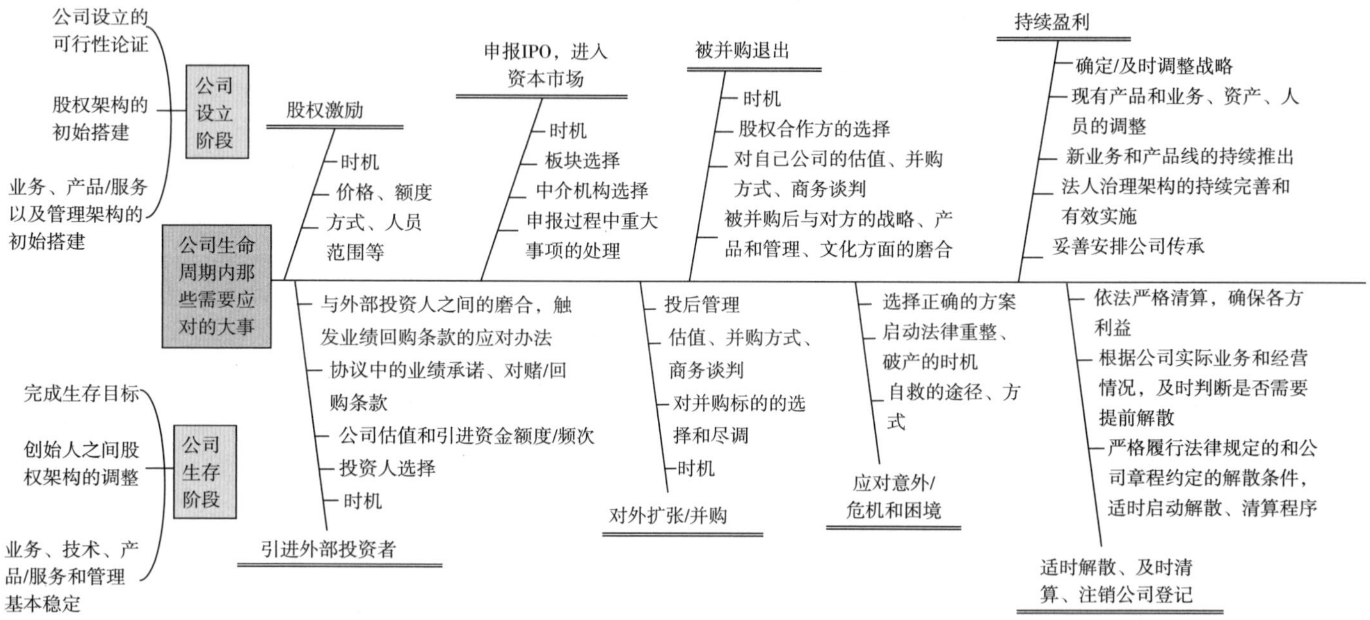

图 0－3　公司生命周期内需要决策的大事

第一章

公司设立阶段（0～1年）

CHAPTER 1

公司设立阶段的任务是在公司设立可行性分析论证的基础上，寻找合适的股东，选择合适的行业/领域和客户，推出合适的产品或服务，履行法律规定的程序，办理相关许可（如食品、药品生产/销售所需的行政许可），到公司登记机关申报，领取公司身份证（营业执照）。

（一）公司设立前程序：公司设立的可行性论证分析

1. 设立公司可行性论证：一项经常被忽略的工作

这是实践中经常被忽略的工作，尤其是在改革开放后的经济上升期内。看看现在的年轻人对于生孩子的谨慎和论证过程，就知道股东们建立关系、设立公司的过程确实草率了。

毋庸置疑，如果没有无数创业者奋不顾身地投入那个轰轰烈烈的时代，就没有今天市场经济初级阶段的实践和成果。只是，作为公司法业务律师，我们不忍心看到那些没有做好准备就匆匆生下孩子（设立公司）而产生的苦果——孩子（公司）生下来没有养好，父母（股东）也轰然倒下。

2. 公司设立的可行性分析涉及的主要内容

这些年来，多数公司开始重视设立前可行性分析工作，这项工作明显做得更扎实了，尤其是法人治理体系已经建立和趋于完备的规模化公司以及上市公司,这项工作不仅职业经理人自己做,很多情况下他们也寻找外来中介机构的帮助。所以,我们经常说,公司经营管理行为是一门科学,这门科学其实从公司设立阶段就开始了。避免盲目决策,进行科学、充分的可行性论证(孕前体检),可以在很大程度上支撑宝宝的健康。

下面是我委托人工智能(Artificial Intelligence,AI)给出的一份公司设立可行性分析报告,供各位参考:

您提供的是一份工业生产企业设立可行性分析报告的结构大纲。接下来,我将为每个部分提供一个简要的内容描述,以帮助您进一步发展报告的详细内容。

1. 执行摘要

项目简介:简要描述项目的目标、范围和预期成果。

主要发现:概述研究过程中的关键发现和结论。

推荐行动:基于分析结果,提出建议的下一步行动或决策。

2. 项目概述

企业愿景与使命:明确企业的长远目标和存在的根本原因。

产品与服务描述:详细介绍企业将生产的产品或提供的服务。

目标市场定位:确定目标客户群和市场定位策略。

3. 市场分析

行业背景:分析行业的历史、现状和趋势。

市场需求分析:评估产品或服务的市场需求和潜在增长。

竞争对手分析:识别主要竞争对手并分析其优势和劣势。

SWOT 分析:评估项目的优势、劣势、机会和威胁。

4. 法律与政策环境

相关法律法规:列出与项目相关的所有法律和规章。

行业标准与合规要求:确定必须遵守的行业标准和合规性要求。

政策支持与限制:分析政策环境对项目的支持和可能的限制。

5. 技术与生产流程

生产技术概述:描述将采用的生产技术和其成熟度。

生产流程设计:详细说明生产流程和操作步骤。

研发能力与创新:评估企业的研发能力和创新潜力。

6. 厂址选择与设施规划

地理位置分析:评估不同地理位置的优势和劣势。

基础设施评估:考虑交通、能源供应和通信等基础设施。

环境影响考量:评估项目对环境的潜在影响和合规性。

7. 财务预测与资金筹措

初始投资估算:计算启动项目所需的初始投资。

成本结构分析:详细列出生产和运营的成本。

收入预测:基于市场分析预测收入。

现金流预测:预测项目的现金流入和流出。

资金筹措计划:描述资金的来源和筹资策略。

8. 人力资源规划

组织结构设计:规划企业的组织结构和管理层。

员工招聘与培训:制订招聘计划和员工发展策略。

薪酬福利政策:确定薪酬结构和员工福利。

9. 风险评估与应对策略

市场风险:分析市场波动对项目的影响。

技术风险:评估技术故障或过时的风险。

运营风险:考虑生产和供应链中的潜在风险。

法律与合规风险:识别法律变更或不合规的风险。

风险缓解措施:提出减轻风险的策略和计划。

10. 结论与建议

可行性分析总结:综合分析结果,评估项目的整体可行性。

项目实施建议:基于分析提出具体的实施建议。

长期发展规划:规划企业的长期发展和扩张策略。

11. 附件与支持材料

包括所有相关的研究数据、市场研究报告、法律文件摘要、技术规格说明、财务模型和预测数据等,以支持报告中的观点和结论。

请记得,这只是一个内容描述的示例,您需要根据实际的项目细节和数据来填充和调整报告的具体内容。

3. 公司设立可行性分析之评估股东的情况

(1)股东的个人条件是否成就?

包括对自己设立和经营公司所必需的知识、技能、经济乃至身体、心理和家庭等各方面条件进行分析:对设立公司的优势和劣势是否有充分认识?对设立公司的困难是否有充分认识?对公司设立不成的后果和风险是否有承受能力?

（2）是否对其他股东进行了充分的了解？

是否对其他股东进行了充分的市场调查，包括经济条件、知识条件是否成就？其是否具有诚信和良好的合作能力？各方是否优势互补，达到合作共赢的基础？以及如何在实践中实现合作共赢的目标？

（3）股东之间的合作与信任关系是否成就？

股东之间的合作和信任关系是公司设立和未来持续运营的基础，公司设立和运营过程中的各种困难、利益的冲突是对大家合作和信任关系的检验。相对而言，国人较不善于准确表达自己的诉求，尤其是利益方面的诉求，更不善于表达不满，这给以股东身份进行的合作带来了诸多困难。有多少曾经的大学同窗好友或者亲兄弟姐妹们由于一起设立公司而分道扬镳，有的甚至大打出手，成了仇人，不胜唏嘘。

所以，我们这里提到的股东之间的信任与合作关系是深层次的，即在价值观一致的基础上，为了共同的事业和利益，发挥各自优势，积极、理性地按照商业逻辑建立股东关系。在这种关系下，股东们能预见可能发生的困难和冲突，并制订争议解决方案，当最坏的情况出现时，能够共同解决问题，在关键时刻作出正确的决策。

（4）是否能够建立起股东之间的初始平衡关系？

和夫妻关系一样，股东之间的关系要始终保持平衡——法律上权利义务和利益分配上的平衡，包括初始平衡和后续发展过程中的动态调整。有了初始平衡以及未来调整的规则，后续的动态平衡基本无忧。

当然，如果初始平衡不当，未来及时调整，成本不大，也是可以的。如果初始平衡没有建立起来，未来出现了应当调整的情形又没有及时有效调整，不仅股东关系会出问题，还必然直接影响公司的生存与发展。这是公司法律师特别强调公司设立之初要建立好股东之间平衡关系的原因。

(5)股东之间的合作太难了,一人股东(事实上的一人股东,包括夫妻股东以及其他各种形式的挂名股东)行不行?

当然,不是不行。但是有几个问题需要回答:自己是不是有足够的业务、技术和财务能力将公司做起来?是否有足够的能力在关键时刻作出正确的决策?是否有足够的应对风险的能力?因为小股东在投资的同时,事实上和大股东一起承担了公司设立与运营的责任与风险,也贡献了智慧和力量。对于设立和经营公司这么难的事情,有一些可以借助的力量是不是个好事?

(二)公司设立前进行的可行性评估工作

1. 业务、技术、市场的可行性分析

对于我们在本书中虚构的A公司来说,业务、技术、市场和客户都是其熟悉的领域,深谙行业之道、当前困境和壁垒,以及未来的技术更新和发展方向。只是新技术和产品要有所突破,新产品应用领域和市场、客户也要有所突破,不能侵犯原单位的知识产权,经过市场验证后即可形成竞争力。所以,关键部件和工艺自己生产,其他部分委外加工。

2. 财务可行性分析

公司设定注册资本500万元,分两期出资。初始投资300万元,用以租赁厂房,购买必要的设备,支付采购款和人员工资,公司制作了两年财务预算方案,确保现金流的正常运转。二期出资200万元,可以根据一期工作目标实现情况和三方股东/董事高管在公司业务和管理中的业绩进行出资调整。达到一定规模时，可以通过银行贷款解决现金流问题。

3. 管理可行性分析

由于三位股东都在原单位担任过高级管理人员，所以，三位股东同时参与生产、经营和管理工作，管理的大框架就可以搭建起来，以此为基础，适时补充其他管理岗位没有大的障碍。

4. 股东关系评估

对 A 公司来说，三位创始人股东之间的关系并不复杂，大家有信任基础，也熟悉专业、公司所从事的行业和领域，甲股东各个方面比较突出，综合能力强，本次设立公司前在原单位做到了常务副总经理的职位，出资能力也比其他两位强，可以担任公司的董事长，统筹安排和协调公司除研发和销售之外的对内和对外事务，值得信任。

其他两位股东此前在原单位技术和销售部门担任部门负责人，尚不足以担任公司总经理的工作，所以总经理一并由甲股东担任是合适的。三人分工明确，各司其职，各负其责。考虑到股东关系，可以规定股东会和董事会中审议事项均需 2/3 以上通过方可形成决议，即需获得至少两人同意。

三方根据业务和管理以及财务出资能力，设定了 60% ：20% ：20% 的股权结构，设定了基本议事规则，包括三人一致同意的事项、冲突解决办法以及对三人行为的限制。

同时反复推演了公司设立目标、设立过程中出现的困难及应对策略、公司设立目标不达的解决方案，充分、理性地完成了公司设立前各方面的论证工作。

（三）公司办理市场主体登记，建立股东关系和议事规则

1. 三位股东将达成一致的意见统一记载在股东协议和公司章程中，同时选举一名监事，然后到市场监督管理局办理市场主体设立登记。登记事项包括：公司名称、住所、注册资本、经营范围、法定代表人的姓名、公司股东。同时在国家企业信用信息公示系统上公示股东认缴和实缴出资额、出资方式、出资日期等信息。

2. 股东完成一期出资，公司为股东出具出资证明，置备股东名册，作为股东行使股东权利的证明。

3. 确定公司设立后 5 年（2000 年 1 月 1 日至 2004 年 12 月 31 日）为公司生存阶段，制定一期目标（3 年）和二期目标（2 年），作出第一年工作计划和财务预算，设置公司设立到生存阶段公司组织架构和部门，确定各部门负责人人选，制定人力、财务、销售、生产和研发等保障公司运营的基本制度。一期目标完成后，完成二期出资，进入二期阶段，继续验证公司生存能力。

4. 签署股东协议、公司章程和重大事项议事规则：

（1）三人平等参与公司经营管理，提名高管，决定公司重大事项。

（2）设置董事会和经理层，三人同时为董事，股东会与董事会人员重合，身份重合，职权也可以重合。未来根据需要增加董事人选。

可以将更多事项的决策权放在董事会，如引进新股东、聘任职业经理人；除零散行政管理事项外的主营业务合同和对外借款，甚至对外合同报价等，都可以由三人共同讨论决定。

经理层的决策权可以限定在很小范围内，主要为执行和实施股东会/董

事会作出的决定。可聘任一位财务经理参加公司经营管理事项的讨论,考虑到公司在设立阶段,可以暂不进行登记,也不必须赋予其副总经理的职位,但应允许其对公司生产、经营管理等重大事项参与讨论并发表意见。待该财务经理经过磨合与其他人建立了信任关系后,其他生产经营管理事项,对如生产线的重大调整、聘请生产负责人、定工资、定岗位等,经理层可以与该经理一起作扩大会议讨论。

(3)确定法定代表人职权、产生和变更办法。法定代表人职权有两个思路来确定。

一是明确授权,授权之外的不可为:明确约定法定代表人的职权限于召集、主持董事会和股东会,签署出资证明/股票和债券,签署公司劳动合同、借款合同,审批一定金额以内的资金支出等商务行为,除此之外的需经过董事会/股东会审议。

二是明确禁止的事项,如未经股东会决议不得对外担保,禁止事项之外的都可为。

法定代表人人选可以约定董事长或者总经理,由股东会或董事会过半数决定,其变更时同。

基于A公司的实际情况,甲股东作为董事长和总经理担任A公司法定代表人是适当的选择。同时按照上述第一个思路确定了法定代表人职权,即对法定代表人进行明确授权,除明确授权外的行为皆须经过三个创始人协商方可确定。

(4)为股东和公司共同利益考虑,三位股东/董事和高管在公司设立阶段达成一致的行为规则。(见图1-1)

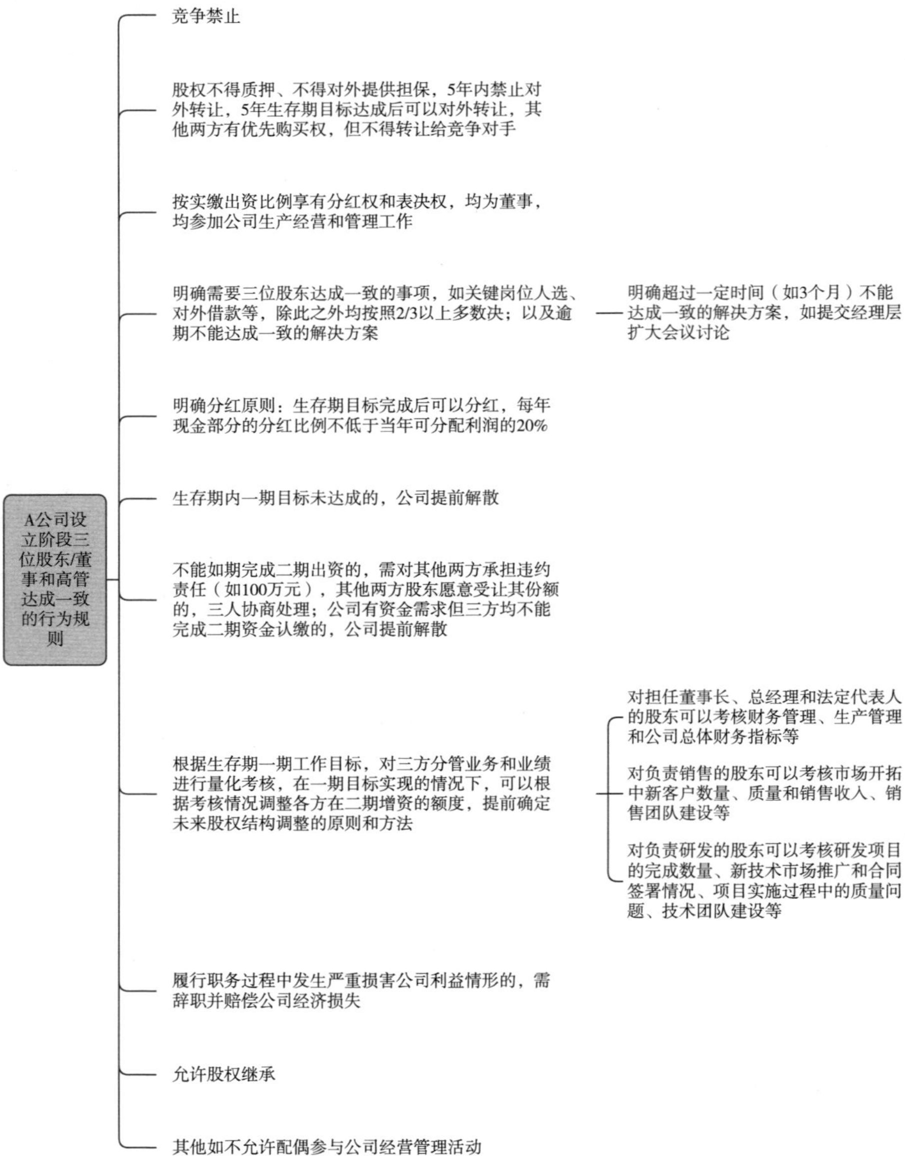

图1-1　A公司设立阶段三位股东/董事和高管达成一致的行为规则

关于提前确定未来股权架构调整的原则和方法问题,考虑公司处于初创阶段,更多工作需要三方合力,公司人员队伍建设也不完备,考核工具不充分,所以这种量化考核目标设置不能过于细致,否则不利于一期目标的完成。

举个例子,一期考核中三方股东完成情况分别为甲 60%、乙 200% 和丙 50%,负责销售的股东能力和业绩突出,三方同意可以调整股权架构:二期出资负责销售的乙股东承担 180 万元,负责技术的丙股东承担 15 万元,甲股东转让一期已经完成的 30 万元出资给乙股东,三方对公司的出资变更为 150 万元、215 万元和 75 万元,股权比例调整为 30%:55%:15%,乙股东变更为公司董事长、法定代表人和总经理(见第二章图 2-1,度过生存期后 A 公司股权架构和股东关系调整方案 3)。

当然,公司设立后 3 年内,即使发生了上述可以调整的情形,3 位股东仍然可以选择不进行调整,继续维持此前的股东关系;或者将调整的时间再延长两年至 2004 年 12 月 31 日再行调整,这样可以撇开一些偶然性因素对数据的不利影响,通过更长的时间获得稳定的信息。

选择哪个方案本身并不重要,重要的是股东之间要充分论证这件事情并达成一致。大家都看到了这个数据和差异,与此前设想的情形并不完全一致,而是否调整以及如何调整是三方经过了充分论证的,大家能够预见这种调整给公司、3 位股东带来的差异,并愿意接受这个结果。

如果调整方案是基于公司的实际情况、3 位股东内心的真实意愿,并经由 3 位股东充分讨论形成的,就是正确的。反之,如果最后达成的方案是在多方或其中任何一方未全面认知、不能正确表达自己内心意愿、回避主要问题的情况下达成的,就会为未来的争议/抱怨/不满埋下隐患。

（四）预设公司设立目的不达的情形、时间和解决方案

1. 设置公司设立目标达成的指标：

（1）验证关键技术和客户突破的指标，如与关键客户建立了合作关系，产品和技术得到了关键客户的认可；

（2）财务数据指标，如公司设立后第3年当年完成的订单数量和实现销售收入的金额，或者3年合计实现销售收入的金额、完成订单的数量，以及到第三年或者第五年末实现盈亏平衡。

2. 上述目标任意一项或者全部未实现，达成率低于70%可以视为一期设立目标不达，除非三方均同意延期1年，否则公司设立失败，可以提前解散公司。任何一方不同意解散的，需要按照出资价格或打折收购其他方的股权，只有一方同意退出，另外两方都同意延续的，两人协商收购比例。

3. 若一期目标达成，股东完成二期出资，同时根据一期工作情况调整此前作出的二期目标，进一步验证公司生存能力。

（五）A公司设立阶段的工作安排给我们的启示

1. A公司设立阶段做了充分的可行性论证工作，充分评估各方条件，防止了公司设立的盲目性。

2. 股东关系初始设置架构合理，搭建了初始股东之间的平衡关系，三方的信任基础和良好的沟通关系为日后公司的稳定发展奠定了基础。

3. 在股东信任的基础上预设了动态的、科学的股权架构调整方案，符合

3 位股东同时参与公司经营管理工作的实质，既鼓励了股东积极性，也为防止日后发生争议提前准备了方案。

4. 预设了公司设立不成的具体量化指标，既鼓励大家积极经营，促进公司成功；也能在最坏的情况出现时，及时止损，防止损失扩大。

常见错误及风险行为清单

1. 未作充分的公司设立可行性分析，股东们凭借一腔热血和激情，自己思想上、知识上都准备不足，凭感性而不是理性设立了公司。

2. 没有客观评估自己的条件，高估了某方面的优势，如销售副总在原单位时与某个客户的市场关系，到公司设立后并没有帮助公司实现在关键客户上的突破。

3. 股东相互了解不够为日后争议埋下了隐患。创始人同学或朋友的友谊的小船在商业和利益面前说翻就翻：如大股东过于强势，缺乏合作精神，不能很好地照顾两个小股东，作决定独断专行，不能与其他股东建立协商机制；又如负责技术的股东缺乏管理能力，自己不能独当一面，无法带领技术团队攻克技术困难，无法承担副总经理的职责等。

4. 股权架构设置不合理，无法激发股东的善意和积极性。如事实上担任公司董事长的股东实际仅享有 29% 的股权，这显然无法鼓励他的积极性，在公司的付出与回报不匹配，不符合人性，增加了该股东未来在体外设立公司、与公司开展竞争性业务的可能性。

5. 没有预设未来股权调整的方案，以 A 公司为例，如果三名自然人股东设立公司，销售副总能力强，但因为没有动态股权调整机制，其只能通过在外设立公司与公司竞争的方式转移利益，这也是导致未来争议的隐患。

6. 没有预设像 A 公司那样的议事规则、意见不一致的解决方案以及对股东的行为约束规则。

7. 没有预设公司设立不成的条件，导致 3 年时间过去，大家不能就是否持续经营达成一致，不能理性对待客观困难，侥幸心理让大家一拖再拖，最后各方都产生了怨气。

第二章

公司生存阶段（1～5年）

CHAPTER 2

关于公司完成生存阶段的目标需要多长时间,大多文献指出是1~3年。可我们实践中发现3年时间过短,多数公司3年内还没反应过来,公司业务规模、技术/产品和服务模式尚在市场检验过程中,更不用说组织架构的建立,任何一点风吹草动,如行业政策变动、竞争对手重大技术突破、公司一位销售骨干离职,都会导致公司瞬间关门。从销售收入角度讲,我们认为销售收入不满3亿元的工业生产企业随时面临生存危机。综合判断,完成生存阶段目标至少需要5年的时间。这是本书设定5年为公司生存期的原因。

从公司全生命周期来看,生存阶段这5年公司要非常小心、谨慎,因为新生命是脆弱的,股东关系、业务模式、管理模式和管理团队都在磨合过程中,稍有不慎公司就可能夭折。

公司生存期的工作目标也很清晰,就是完成生存测试,测试公司设立阶段设定的业务、产品和技术是否能够获得市场认可,是否能够为客户创造价值,测试股东初始组建的管理团队是否有相应的管理能力,使公司能够在行业中获得一席生存之地。

(一)公司基本完成生存目标(至第4年年底)

1.公司产品、业务和技术以及盈利模式可行性得到了市场的验证

如突破了关键客户,与重要供应商建立了良好的业务合作关系,确保

未来业务中有持续数量的订单。公司业务和技术的竞争力逐步得到客户的认可,利润率能够不低于同行业。

2. 公司产品生产和制造、交付、售后服务全流程得到了验证

公司通过研发产品和市场影响力,收到市场订单后,能够通过从原材料采购到生产制造流程生产出合格的产品,如期向客户交付,全流程基本能够通畅运营。信息化管理工具得到有效使用,大大提高了效率,减少浪费、错误。

3. 财务指标实现预期

一期、二期目标经过调整后,公司完成了预定财务指标,三位股东如期缴纳二期出资,至生存期最后一年,公司实现了盈亏平衡。生存期后公司开始按照约定分红。

特别需要指出的是,对于公司设立和经营活动来说,业务、经营和财务指标始终是第一位的,是公司进入下一阶段的基础。相对于管理、股东关系处理等事项,业务、经营和财务指标是1,没有这个1,后面多少零都挂不上去。上一轮互联网高峰时期大量公司的倒闭是个很好的例证,如果所谓的流量不能转化为财务数据,自然都是空话,是不可持续的。科创板推出时允许不盈利的医药公司上市,并不意味着那些已经上市的医药公司可以持续不盈利,如果持续不盈利,其投资者自然会用脚投票。

4. 人力资源与团队建设初步有效

建立了公司基本组织框架和管理团队,确保关键职位有合适的人选。初步建立适合公司的绩效管理体系,能够激发员工的积极性。

5. 股东之间完成磨合,践行此前达成一致的规则

(1)股东之间完成磨合,践行此前达成一致的规则,并根据实际情况对

已经达成的规则进行小幅度增减，但考虑到职业经理人尚未完全到位，所以，除可以强化一些规则外（如特殊重要岗位的人选必须三人达成一致），不作大的调整。

（2）股东会、董事会权限不作调整，议事规则可以根据实际情况作小幅度调整。

（3）根据此前约定的规则，公司第一个 3 年生存期间届满，股东之间的股权可能会发生一些调整。根据二期实缴情况、生存期间发生的严重损害公司利益的情形、一期目标的未实现等，调整的结果可以是：①公司解散。②三方股权比例不变，合作关系不变。③三方股权比例不变，但有股东退出经营管理活动；或者一方股东退出，两方股权比例变更为 67%：33%；或者三方股权比例变更为 30%：55%：15%；或者一位财务投资人愿意加入成为股东，四方股权比例变更为 60%：15%：15%：10%。同时，根据变动了的股权架构，相应调整股东之间的权利义务关系，新建股东平衡关系。

6. 管理团队之间完成了磨合，公司股东和公司核心团队对公司认知相对清晰、明确

（1）在工作中实现股东与职业经理人之间的磨合，争取用 3～5 年时间确定财务负责人、生产负责人的人选，增进股东与职业经理人之间的信任与合作关系。条件合适的情况下可以增加一人为公司高管，任副总经理，并进行登记。

（2）在工作磨合中逐步稳定公司组织架构，或者将可以稳定的部门稳定下来，暂时不具备条件的，可以稍后确定，并逐步明确部门职责和部门负责人。他们对公司的行业定位和发展前景有相对清晰的目标和计划，对公司存在的问题和困难也能够有相对清晰的认识，并可以充满信心地制订下一

阶段的短期目标和应对短板、提高核心竞争力的措施和方法,对照同行业更优秀的公司,制定差异化的发展路径和未来10年发展战略。

7. 初步形成决策—执行—监督—纠错的初始法人治理框架

生存期的公司没有条件建立完整的法人治理架构,但是不能发生大的决策错误,也不能出现大的执行错误,还要有快速反应的能力,能够迅速发现错误并纠正,否则公司随时都可能夭折。

如A公司发现初始设定的技术路线经检验不可行,便迅速进行了技术路径调整;又如,与客户发生了一起产品质量和工程纠纷,导致公司承担了高额赔偿责任;再如,高薪引进了一位技术副总带领的团队,经检验该团队技术水平没有达到预期,且和公司原有团队产生争执,公司迅速进行了劝退。在处理与客户的诉讼过程中,公司董事长和核心团队敏锐地认识到公司在项目管理和质量把控环节存在问题,迅速查漏补缺,借机完善了管理环节,加强了项目管理,提高了管理水平,公司虽然支付了高额赔偿(学费),但没有浪费这个机会。

通过这样的纠错实践,公司能够逐步建立业务经营和管理活动各层面的谨慎的决策机制以确保正确的决策、全面务实的执行机制,以及决策和执行过程中的纠偏机制。框架型的公司治理机制:决策—执行—监督—纠错机制正在形成过程中。

(二)生存期结束后的股权结构和股东关系调整(第5年第3月)

生存期结束后,A公司股权结构和对应股东关系可能发生的调整情形如图2-1所示。

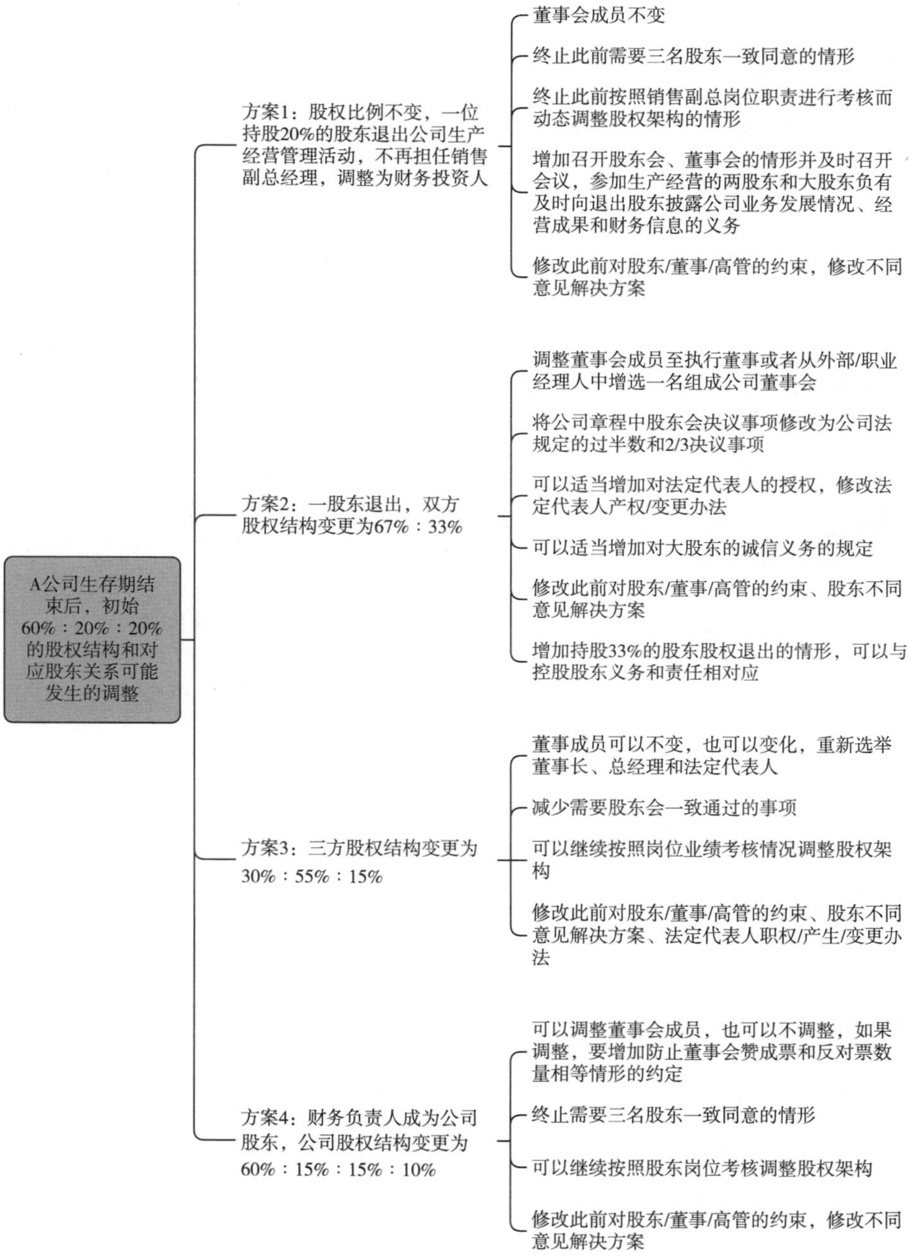

图 2－1　A 公司生存期结束后股权结构和对应股东关系可能发生的调整

A 公司根据自己的实际情况，在生存期结束后的 2005 年 3 月选择了方案 1 作为调整后的股权架构和股东关系（见图 2－2），即保持各方持股比例不变，丙股东退出公司经营和管理活动，不再担任公司销售负责人，其股东身份调整为财务投资人。

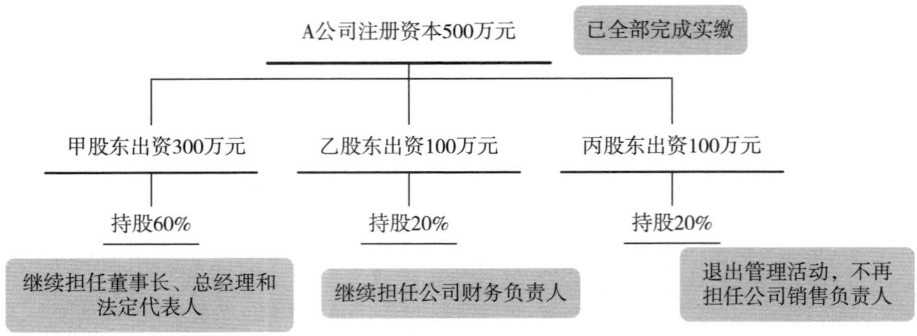

图 2－2　A 公司 2005 年 3 月第一次股权结构和股东关系调整

（三）A 公司完成生存期目标给我们的启示

1. 抓住行业机会，迅速实现业务、财务、技术和销售目标，实现公司业务规模和财务指标，在行业中崭露头角。

2. 三位创始人股东高度信任、平等的协商机制是处理股东关系、建立动态股东关系平衡的基础。

3. 三位创始人股东都能够遵守此前达成的各项约定，如三方分工与合作机制、动态股权调整机制和分红约定，这是生存期内完成股东关系磨合以及股东与管理团队之间磨合的关键。

4. 三位创始人股东根据实际情况，制定了务实、科学的法人治理架构，包括董事会架构、权限、对三方的行为约束等，这种尊重规则、信赖规则、创立规则的能力不仅保证了公司的生存目标,也是日后持续发展的基础。

5. 由于预设调整机制,大家能够在面对问题的时候作出妥善解决方案,如丙股东因个人家庭原因要退出管理活动,三方能够达成一致的安排,而未出现股东争议。

6. 创始人股东的担当。在公司生存阶段担保能力不足的情况下,为向银行融资,创始人股东以自己的家庭财产为公司提供了担保。这个担保责任直至公司上市前完成第二次财务融资后才得以解除。

7. 公司生存期内的股东风格和行为在日后逐步沉淀为公司文化,支撑日后公司的发展。

常见错误及风险行为清单

业务、技术、经营、财务方面:

1. 技术不成熟,技术成果没有得到市场和客户认可。

2. 始终没有实现关键技术突破,产品质量不稳定,无法如期交付,影响市场推广,导致公司始终无法开拓新的和有竞争力的客户。

3. 经营方面存在明显短板,如财务短板,导致公司不能真实准确核算生产成本,财务报告不能反映公司的业务和经营成果,重大事项决策缺乏财务数据基础支撑;又如销售短板,公司始终不能突破销售瓶颈,始终在行业小客户之间实现小额销售。公司在设立后 5 年的时间中一直依靠创始人进行销售,销售队伍没有成长起来。

4. 在销售收入略有增长的情况下,公司用仅有的现金流购买土地、建设房屋、购置设备、新建生产线，过高负债，乐观地估计了后续订单，将经营性现金流转化为土地、房产等固定资产，在经济下行、订单下降的情况下，现金流断裂而失败。

5. 公司始终没有实现盈利，无法实现预先设定的生存指标。

6. 客户结构不合理，严重依赖某大客户，由于该客户发生意外而受其拖累。

组织与管理方面：

1. 公司没有建立起科学、合理的部门设置和职责分工，从决策到执行体系均由创始人股东自己承担，无法吸收团队的智慧和力量，导致错误决策、错误决策的全面执行，以及决策和执行过程中的错误无法获得及时的监督和纠正。

2. 管理效率低下，管理费用、销售费用过高，没有相应的绩效与考核体系。浪费严重，人浮于事，管理没有效率。

3. 始终没有招聘到合适的职业经理人，5 年时间里一直是创始人股东在一线担任生产车间厂长、业务员和会计，公司无法实现人员调配和管理升级。

4. 管理缺陷导致重大产品质量责任事故，公司一蹶不振。

5. 行业政策和外部环境发生重大变化，如国家加大环保核查力度，公司无力应对。

6. 关键时刻的错误决策，如未根据行业和时代发展情况适时调整产品、业务结构和方向等。

7. 财务数据核算不准确，不能为公司的生产、经营和管理活动提供基础数据和信息支撑。

股东层面：

1. 股东之间没有完成磨合任务，出现股东争议，或者此前没有设立公司股权调整的规则，或者设置的调整规则没有得到遵守，或者大股东独断专行导致股东之间没有建立沟通机制，一方股东在股权退出无望的情况下提起了诉讼，股东争议纠缠不休，管理团队和订单快速流失。关键时刻的重大错误通常使刚出生的公司因无力抵抗而夭折。

2. 股东信任危机导致股东带领团队离职，新建公司与原公司进行同业竞争。

3. 股东与管理层之间没有完成磨合任务，导致冲突。

第三章

公司成长阶段（5～10年）

CHAPTER 3

公司完成了生存目标后，即可进入下一步迅速发展阶段。公司成长阶段的目标也很清晰，即迅速完成规模扩张，提高产品销售收入，实现年销售收入和利润指标的增长，并提高产品和服务的市场占有率，采取有效措施解决前期公司存在的问题和短板，提高公司核心竞争力和产品盈利能力。公司在成长阶段可以实现为股东分红的目标，引进外部投资人以及实施首期股权激励。基于公司快速成长的需要，在外部投资人的协助下，公司逐步完善了组织架构和部门设置，并建立了法人治理架构的雏形。

（一）公司成长期内完成的业务、经营和管理工作

1. A 公司把成长阶段的工作目标分解为两期（2005～2007 年、2008～2010 年），分步骤实现目标，并能够根据第一期工作目标的完成情况调整二期目标，从而更加务实、有效。

2. 扩大现有产品的市场份额和业务规模，探索新产品和国际市场，实现销售收入大幅度增长以及生产经营数据的实质改善，提高公司盈利水平。

3. 在生存阶段组织架构和部门搭建的基础上，有效补充前一阶段缺少的岗位负责人，如人力资源负责人，夯实了人力资源部门的建设。同时，随着人力资源负责人的到位，从总体上启动了部门设置、高管招聘、人员培训

和规范化管理、业绩考核、薪酬体制建设等组织化工作，在现代化管理工具的帮助下，极大地提高了管理效率，提升了组织能力。

4. 加强组织化建设的第一个有效举措是增设了法务部门，将此前零散的劳动/合同/知识产权等法律事务系统化管理起来。同时，在法务部门的负责下，完成这个阶段的股权激励和外部投资人引进工作。

以加强销售合同管理、防范合同风险为例，《律师谈公司治理》①详细介绍了"销售合同制定流程—对销售团队的培训—重视对客户履约情况进行调查—严格把控合同签署环节—关注合同履行过程"5个环节的工作，极大地提高了销售团队对法律风险的认知，降低了法律风险，凸显了法务部门在公司提升现代企业治理水平中的作用。

5. 引入财务管理软件，启动信息化管理，为管理水平提升提供了基础和工具。

6. 核心管理团队基本形成，在前期三位股东作为主要管理团队的基础上，逐步培养和选定能够担当副总级别的管理人员，管理团队具备专业知识和职业素养，能够参与公司重大事项决策过程，并贡献力量。其中新选任的销售负责人综合能力比较强，公司已经将其作为未来的总经理人选进行培养。

7. 公司通过增加银行借款、实施股权激励、引进外部投资人增加投资，为扩大生产规模、提高产能、从事新产品生产解决了资金问题。

（二）公司调整法人治理架构

以公司2005年3月生存期结束后的股权架构调整为基础：三位股东股

---

① 参见张力：《律师谈公司治理》，社会科学文献出版社2018年版，第60～62页。

权比例不变,三方都按照公司设立时的约定将二期出资实缴到位。但负责销售的股东确实因为个人原因(家庭居住城市发生变更,随家人离开现有城市,无法继续参与管理)退出公司经营管理团队,以财务投资人的身份行使股东权利,获得股东利益。随着其他管理团队的逐步成熟,以及引进外部投资人的需要,公司在股东关系和法人治理架构搭建上有了长足的进步。

1. 董事会成员不变。三位股东继续同时担任公司董事,没有调整董事会组成。一方面,由于公司业务基本在原有基础上扩张,没有大的调整事项,所以,除分红外,需要股东和董事会层面决策的事项不多,多数业务层面的决策在甲乙两位股东和管理团队之间进行协商,个别事项也会征求退出管理的股东的意见。另一方面,虽然个别管理层如财务负责人和新聘的销售负责人各方面都还不错,但由于其来公司时间不到 3 年,赋予其董事身份的条件尚不成就。

2. 终止此前需要三位股东达成一致意见的情形。由于丙股东退出管理工作,此前约定的三人一致同意的事项变得没有必要,所以适时终止所有需要三位股东一致同意的事项。

3. 继续沿用此前约定的股东会和董事会意见不一致的解决办法,即将有不同意见的事项扩大讨论范围,参照多数人的意见进行决策。

4. 将原有的调整制度执行完毕后,终止此前对三人按照分管事项进行股权调整的约定,将对两位股东的业绩考核和股权调整一并纳入公司股权激励制度,两位股东同时属于股权激励人员,按照股权激励制度获得激励股权。丙股东不参与公司股权激励。

5. 按照法律规定明确股东会和董事会权限,增加召开董事会和股东会的情形,如年度会议、半年度会议、发生重大亏损等重大事件,并及时召开会议。参加生产经营管理的两位股东负有向退出管理活动的股东及时披露公司业务、财务信息的义务。

6. 调整此前图 1－1 所示的对三位股东/董事和高管的行为进行约束的条款。(见图 3－1)

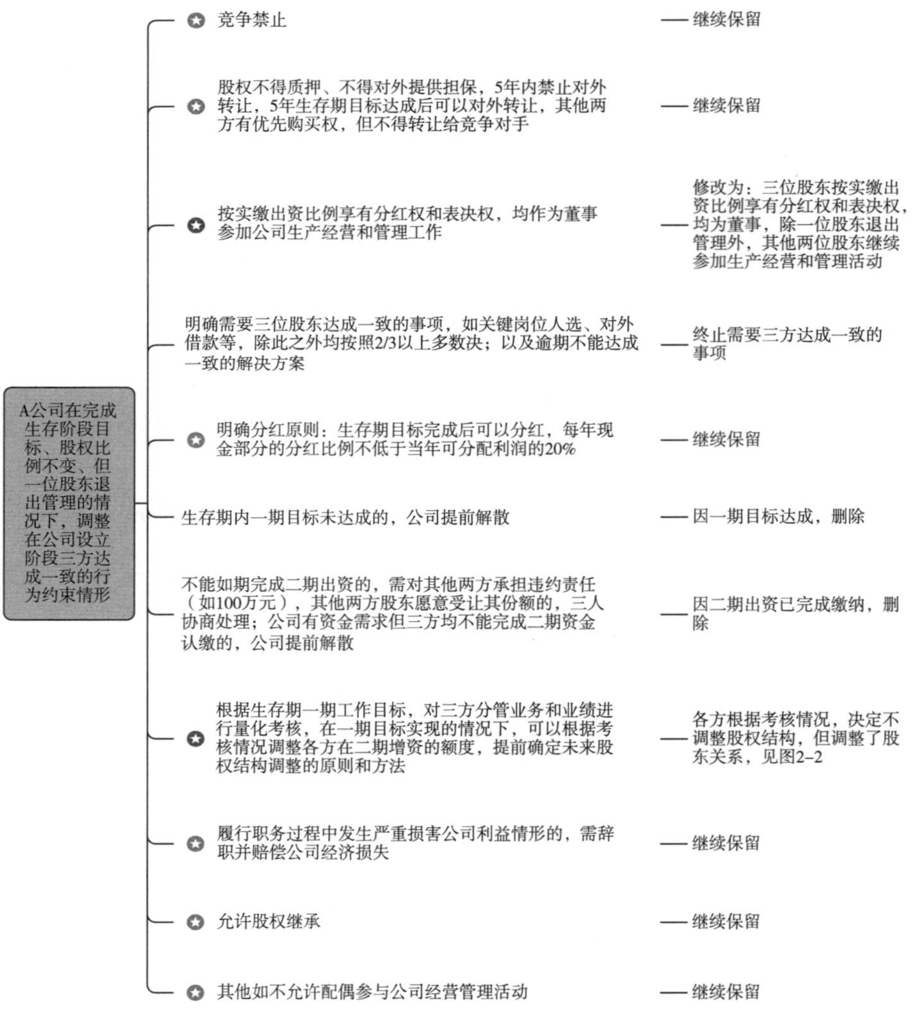

图 3－1　公司成长阶段对股东/董事和高管行为约束条款的调整

注：✪表示继续保留。

（三）公司继续调整股权结构（第 7 年第 9 月）

三位原始股东之间如有需要调整股权的情形，可一并提出，三方达成一致意见后，便可在公司实施股权激励和引进外部投资人之前实施完毕。因为股权激励和外部投资人引进之前，公司创始人股东始终享有 1 元/注册资本增持股权的机会，股权在原股东之间的转让都是合理的，这时候的任何调整都不涉及其他人的利益，也不需要更多的理由，只要三方达成一致意见就可以进行。一旦外部股东进来，任何操作都需要和他们打招呼，说明原因获得理解，价格还要有合理性。所以，原股东之间的股权调整最好在外部股东进入之前完成。

如本案例中 A 公司两留任股东分别增加 120 万元、180 万元出资，公司注册资本增加至 800 万元，三人持股比例变更为 52.5%、35% 和 12.5%（见图 3－2）。公司董事长、总经理和法定代表人不变，仍由甲股东担任。上述增资在公司成长阶段第一期工作目标完成（2007 年 12 月底）前完成实缴和变更登记。

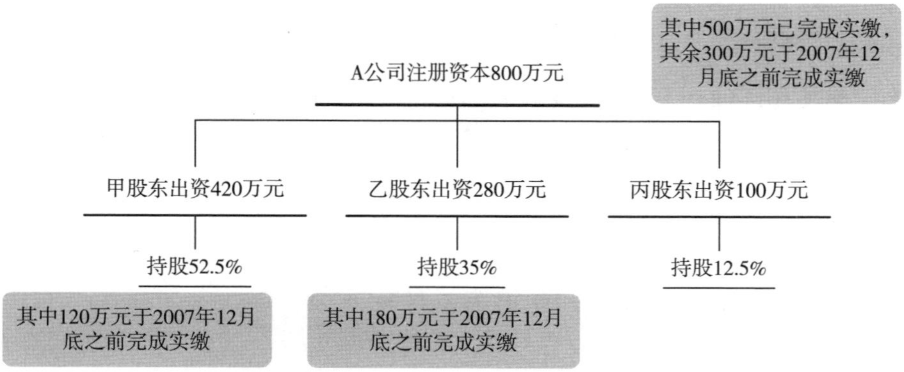

图 3－2　A 公司 2007 年 9 月第二次股权结构调整

(四)公司成长阶段第一期工作目标完成后的法人治理建设（第7年第12月底）

截至2007年12月，公司实现年销售收入1.2亿元，其中境内80%、境外20%，利润800万元，三个主流产品，三个在研发的新产品，第一期工作目标完成，公司进入第二期工作阶段，该阶段除了持续的业务、技术、经营和管理工作外，公司在加强法人治理方面做了以下工作。

1. 公司调整了管理团队，另行聘任了新的销售副总经理，同时将在公司工作时间超过5年且业务、能力基本相当的财务负责人提升为副总经理。两位副总经理同时在市场监督管理部门进行了登记。

2. 进一步增加了经理层的权限，公司没有在法律规定的董事会职权外增加对董事会的授权，而是将该等权限一并授予经理层，即两位股东和新任销售、财务副总经理共同负责公司业务和经营层面需要决策的事项。

3. 公司按照此前约定每年进行分红，及时向退出经营管理活动的丙股东披露公司业务和经营信息。除办理登记如公司增资、公司章程修改、聘任副总经理需要召开股东会和董事会外，其他形式上的股东会和董事会没有严格按照法律和公司章程的约定召开。三位股东依然维持了良好的信任、沟通与和合作关系。

(五)第一次股权激励（第10年第3月）

1. 公司实施第一次股权激励的条件基本成就。公司完成生存阶段和成长阶段第一目标，意味着公司第一次股权激励实施的条件基本成就：(1)公司业务、技术、盈利模式基本稳定；(2)管理团队基本到位；(3)财务核算准确，公司每年财务报告均经过审计；(4)公司未来可期；(5)公司引进外部投资人之前。

2008 年上半年，公司启动股权激励相关工作，根据 2009 年 12 月 31 日经审计的财务数据，于 2010 年 3 月完成股权激励平台设立、激励对象签署相关法律文件并实缴、公司增资等全部工作。2009 年 12 月 31 日，公司实现年销售收入 1.7 亿元，其中境内 72%、境外 28%，当期实现利润 1200 万元，四个主流产品，三个在研发产品。

2. A 公司第一次股权激励主要内容如图 3－3 所示。

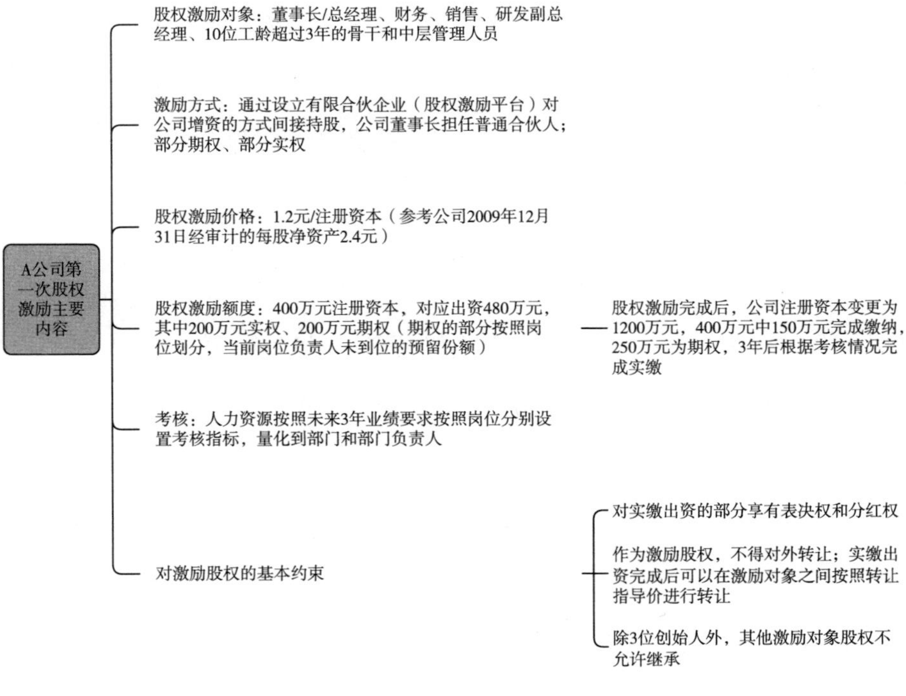

图 3－3　A 公司第一次股权激励主要内容

3. 第一次股权激励完成后,公司注册资本变更为 1200 万元,股权结构如图 3 –4 所示。

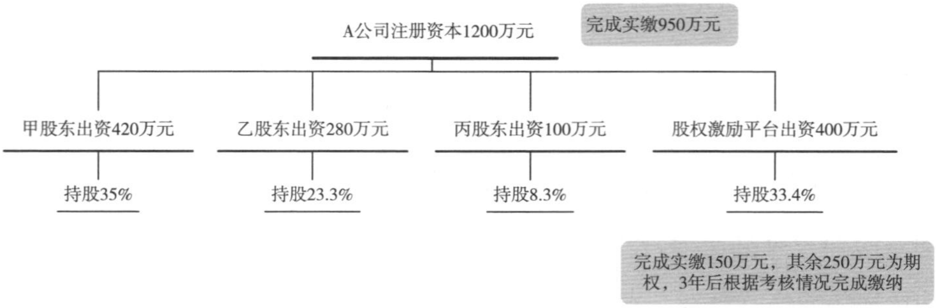

图 3 –4　A 公司 2010 年 3 月第三次股权结构调整

4. 在外部中介机构的协助下,法务部门完成了股权激励全部工作,2010 年 3 月完成了股权激励的登记、公司章程修订等全部工作。

5. 股权激励完成后,公司制定了下一个 10 年目标和产品战略、市场战略。在股权的激励作用下,公司加大人才引进和团队建设的规模,进一步提升了组织能力和核心竞争力。

(六) 第一次引进外部投资人(战略投资者,第 12 年第 3 月)

1. 引进外部投资人的需求

(1)战略需求:对于 A 公司来说,经过近 10 年的发展,业务、技术和管理水平有了极大的进步,但影响公司进一步发展的最大“瓶颈”还是产品应用领域没有打开,仍然局限在原有的范围内。所以,公司急需战略投资者协助打开新的应用领域。相对于财务需求,战略需求是第一位的。

(2)资金需求:从资金角度讲,公司目前需要引进一套市场最先进的、自动化程度更高的生产线,以提高生产效率,展示公司技术实力,为开拓新客户和新应用领域作支撑。资金总体上,公司在自有资金、银行借款债权融资之外还有3000万~5000万元的缺口,需要进一步引进外部投资人。

(3)法人治理提升需求:从进一步提升法人治理水平的角度讲,在10年的实践中,公司按照自己的理解,在供应商、客户、内部团队、外部中介机构的共同努力下,已经搭建了现代企业制度的基本架构。但离达到"股东会/董事会/经理层面作出正确决策—正确决策在体系中得到全面执行—对决策和执行过程中的问题和错误能够及时发现和纠正"这个目标还有差距,突破公司业务规模、建立组织的力量不足,需要外力的协助。

综合来看,A公司第一轮外部融资以选择战略投资者为首选。

2. 引进外部投资人的合适时机

对于A公司来说,目前时机相对合适。一方面,公司经过自己的努力,已经实现生存目标,进入快速成长时期,产品、业务和盈利模式基本稳定,公司组织架构和法人治理架构也能够保障运营,管理层基本到位,股权激励也已经完成;另一方面,公司创始人股东之间有良好的信任基础和稳定的沟通机制,经过公司自设立至今内部股权架构和股东关系的三次调整,各股东对公司法规定的股东关系、公司法律关系的法理和逻辑有一定的理解,具备接纳外部投资人的基本条件。

3. 投资者怎么看A公司

投资者选标的其实是个不容易的事,因为要选一个未来能够产生价值的团队和公司,把钱投给他们,相信他们能够给资金带来比自己做更高的回报。从投资者角度来看,A 公司所处的行业、领域是否有更大的空间? A 公司的产品和服务是否具有核心竞争力? A 公司未来战略是否明确、清晰、坚定? A 公司的股东和团队是否诚信、专注? 作为战略投资者,本次投资后是否能够与 A 公司实现战略协同? 这些都需要充分的尽调和论证。

4. 对价和主要商务条款

基于上述各方利益诉求,双方在半年内达成合作。以 2011 年 12 月 31 日公司当年实现的经审计的 1800 万元利润为基础,按照未来 3 年(2012 年、2013 年、2014 年)平均 2640 万元的净利润承诺,以 5 倍市盈率倍数计算,公司投前估值 1.32 亿元,投后估值 1.66 亿元。战略投资者对公司增资 3400 万元,占增资后公司注册资本的 20.5%。2012 年 3 月公司完成了引进外部投资者工作的变更登记,股权结构变更如图 3-5 所示。2011 年是大量 VC、PE 开始繁荣的时代,本次双方以收益法为基础(具体采用市盈率法计算)进行估值,低于财务投资人 6~10 倍市盈率倍数的市场价表达了战略投资者与财务投资人的差异,体现了 A 公司谨慎、务实的态度。这种做法与当时市场通行的高估值、高业绩承诺、高回购风险的"三高"现象有极大的差异。

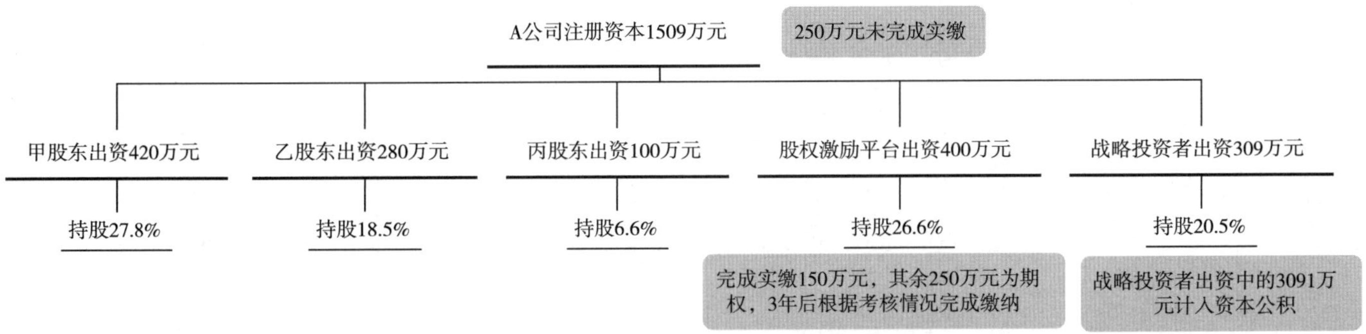

图 3－5　A 公司 2012 年 3 月第四次股权结构调整

注：本次增资价格：13, 200 万元投前估值/1200 万元注册资本＝11 元/注册资本；新投资人持股比例：3400 万元增资/16, 600 万元投后估值＝20. 5%；本次增资计入注册资本的数量：3400 万元/增资价格 11 元＝309 万元；增资后公司注册资本：1200 万＋309 万＝1509 万元。原股东同比例稀释股权。

主要商务条款也体现了这种差异：

(1)业绩承诺：由于采用收益法中的市盈率法进行估值，而公司业绩未来是否能够如期达成存在不确定性，需要公司作未来业绩承诺。从已经实现的盈利数据看，未来3年合计5000万元的净利润难度不大。所以，公司作了业绩承诺和每年不低于30%分红的股东回报承诺。但并没有上市时间承诺。

(2)业绩承诺的修正条款：未来3年平均实现的净利润若低于或高于承诺的15%，双方不作权益调整；高于15%～30%的部分作为给股权激励团队的奖励；低于15%～30%的部分由公司给予股份补偿；低于30%视为投资人本次投资目的不达，公司需回购投资人的股权，回购价格按照银行同期贷款利率计算。甲乙两位创始人对业绩承诺承担了连带担保责任。

(3)法人治理条款：投资人委派一名董事参加董事会，要求公司依法建立法人治理，确保股东权利实现，但也提出没有通行的关于董事会一票否决权、反稀释权、优先清算权等要求；同时双方约定了明确的关于实现业务协同的条款。

5. 本次外部投资者引进后对公司股东关系和法人治理的影响

(1)本次外部投资人引进，原有股东关系和股权架构未作调整，即使是已经退出管理的丙股东也未提出退出要求，大家对战略投资者的加入有很好的预期。当前阶段，外部投资人不会接纳受让老股的方案也是一个原因。所以，除了被同比例稀释，对此前股权架构和股东关系没有大的影响。

(2)公司调整了董事会成员，由原来的3人调整为5人，丙股东退出董事会，调整现销售负责人和财务负责人加入董事会，与此前的两股东、战略投资者委派的董事共同组成公司董事会。设置监事会，丙股东担任公司监事，与投资人委派的一名监事和公司员工监事共同组成监事会，丙股东担任监事长。

（3）外部投资人对公司提出了升级现有财务管理工作的要求，包括财务信息化管理软件覆盖全业务流程，实现业财一体化，并制作年度财务预决算计划，具体制度从 2014 年 1 月1 日起实施，给管理团队 2 年的学习和试用时间。

（4）相应调整了股东会、董事会和经理层权限：

①除法定权限外，调整两项股东会职权。一是聘任有证券资格的会计师对公司进行财务审计工作；二是决定公司对外投资事项。

②公司财务预决算报告的编制和调整由董事会决定。

③董事会审批后的财务预算报告范围内的事项和支出由总经理负责。

④预算范围外的事务分是否与主营业务相关，即与主营业务相关的 100 万元以内的事务由董事会负责审批，除此之外的（预算外的与主营业务相关的超过 100 万元的事务以及与主营业务无关的事务）均由股东会审批。

⑤继续维持图 1－1 中对股东、董事和高管的行为约束。

（5）继续沿用股权激励制度、法定代表人的职权及产生办法。

（6）严格落实股东会、董事会的通知、召集、召开制度，具体由法务部门负责。

（七）A 公司完成成长期工作目标给我们的启示

1. 如期实现了业绩的迅速增长并每年进行投资分红。

2. 股东之间及时调整内部股权架构，动态维持了股东之间的平衡关系。

3. 股权激励方案适当。

4. 引进外部投资人的过程中抵住了财务投资人高估值的诱惑，也避免了高承诺的风险。

5. 公司在股权激励和引进外部投资人的过程中很好地借用了外部专业人士的力量，弥补了自己专业的不足，最终没有陷入股权激励陷阱和投资陷阱。

6. A 公司这 8 年时间有没有大的失误？

有失误，但没有大的失误。

如公司第一次股权激励实施过程并非一帆风顺，其间公司生产负责人对没有获得副总经理的职务和相应额度不满，最后离职。公司经过反复讨论，还是认为不能过分迁就个别人，所以并没有挽留。

在此阶段，公司由于小而精受到业内青睐，有很多公司伸来橄榄枝。股东和管理团队经反复磋商，果断放弃了被并购的想法。

常见错误及风险行为清单

1. 公司业务、业绩没有迅速成长、增长；或者出现了大的经营失败，如采购端原材料不合格导致产品质量事故，出现大额索赔；或者公司业务、业绩虽然有增长，但结构不合理；或者公司管理能力没有相应增长导致没有赚取利润。

2. 公司赚取了利润但没有现金流支持分红，或者公司有利润、有现金流但股东没有分红的意识，也没有认识到分红的必要性和重要性，总以公司下一阶段仍有现金流需求为借口而迟迟不予分红。盈利能力的实现和给股东现金分红是设立和运营公司的目的和本质。很多公司在设立后长达10年的时间里没有进行分红，严重偏离了成立公司的目标。

3. 公司出现了应当调整股东关系的情形而未及时调整导致股东关系失衡。

(1)公司业务和经营情况方面的变动：公司是变动的，公司经营情况随时发生变化，如有的公司在成长期内业务飞速成长，有的公司却迟迟没有突破发展"瓶颈"，公司规模一直维持在原地不动等。

(2)股东自身的变动：股东自身情况也会随时发生变化，如有的股东对公司未来充满信心想增持股份，有的股东对未来却完全丧失信心急于退出。

(3)股东违约和/或存在侵权行为，导致股东权利受损，股东关系平衡和信任被打破。

(4)股东权利和诉求未获得实现产生不满。如图3-6所示，股东权利对应的义务主体为公司，而不是股东。但在公司没有外来股东的情况下，如果小股东诉求和利益未获得满足，自然会迁怒于大股东。

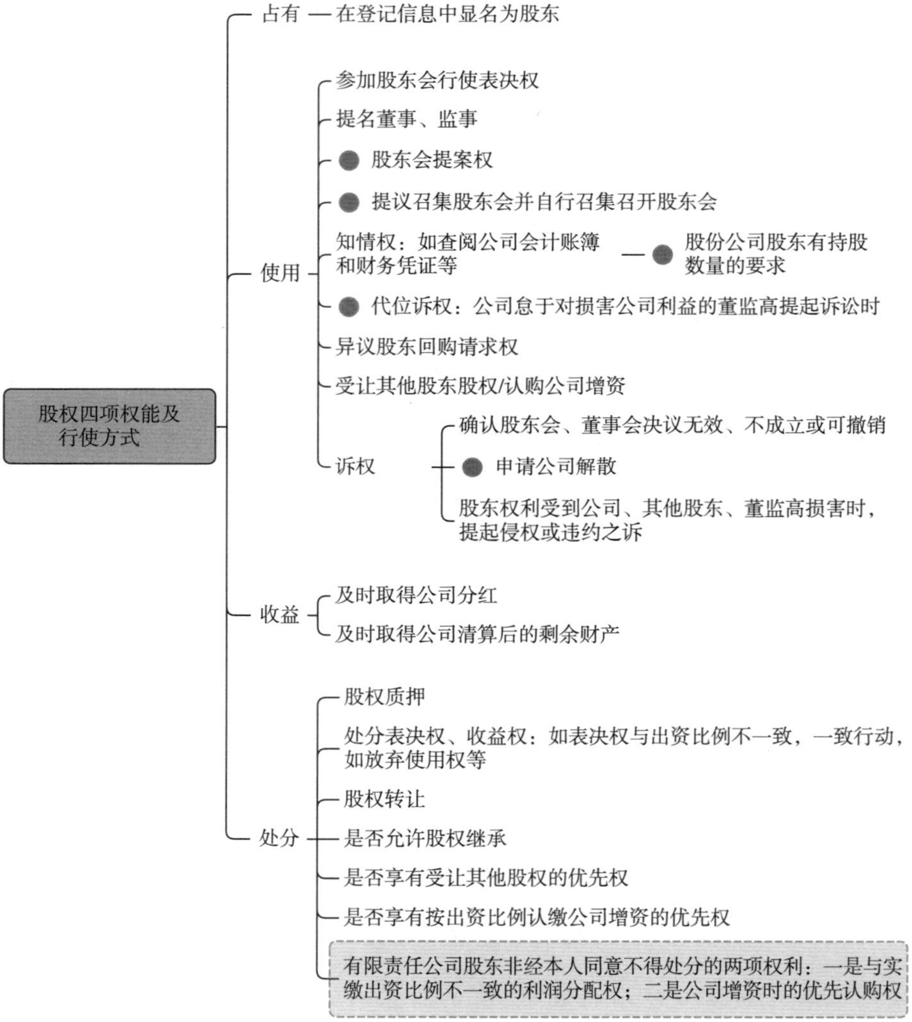

图 3－6　股东四项权能及行使方式

注：1. ●表示：对持股比例/期间有要求。

2. 仅指普通股，不含类别股。

3. 股权占有、使用、收益权的行使对应的是公司和董事高管的义务，其实现与否取决于公司、董事高管是否能够全面履行其法定义务。

4. 股权处分权是股东的意思自治。

（5）股东怠于履行自己的义务，发生损害公司、其他股东利益的情形（见图3－7）：

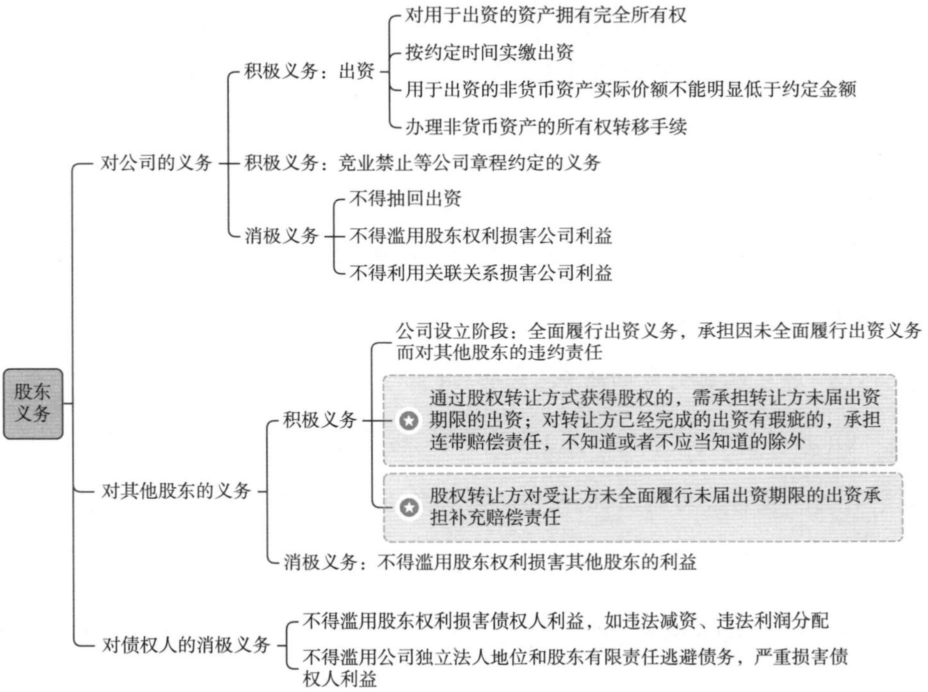

图3－7　股东义务

注：✪指2023年《公司法》修订新增的股权转让双方义务，股权转让双方不得协议排除。

（6）实践中大股东行为不当损害公司和小股东利益的情形：

①不遵守此前达成的对股东、董事和高管行为的约束。

②能力不济，不能带领公司实现业务和业绩的持续增长，不按照现代企业制度建立法人治理架构。

③不能平等地对待其他股东，对法律和公司章程规定的应当由股东会、董事会决定的重大事项，不征求、不听取其他股东、董事的意见，把多股东公司当作家族企业，独断专行，重大事项决策错误频发。

④没有处理好股东、董事和管理层身份竞合的问题，将应当由股东会、董事会决定的事项交由经理层决策。

⑤不能平等对待其他股东，忽略其他股东关于分红和股权退出的利益和诉求，问题不能及时得到解决，导致矛盾升级。

⑥违反作为大股东和总经理对公司的忠实义务，在体外设立公司，与公司从事竞争性业务，或通过关联交易转移公司利益。

⑦滥用股东权利，损害异议股东回购请求权。

(7)实践中小股东行为不当的情形：

①不遵守此前达成的股东、董事、高管行为约束规则。

②(担任董事、高管的股东)违反董事、高管对公司的忠实义务，在采购或销售行为中侵占公司商业机会，实施关联交易或自我交易，损害公司利益。

③(担任董事、高管的股东)违反董事、高管对公司的勤勉义务，不能为公司正确决策贡献力量，不严格执行公司制定的各项制度，不能全面完成业绩目标和考核指标。

④(担任董事、高管的股东)在能力不济的情况下不退出公司管理岗位，为公司实施法人治理建设设置障碍。

⑤不主动表达关于股权退出的真实意愿，对其他股东提出的股权结构和股东关系调整提议不予配合，贸然提出公司决议效力、知情权、解散等纠纷，损害公司和其他股东利益。

⑥在公司战略、重要岗位选聘等事项上与其他股东意见不一致，不尊重公司按照股份多数决达成的一致意见。

(8)股东关系发生变化，原有的平衡被打破，各方没有及时、有效调整的原因：

①事先没有调整的规则，无从下手。

②股东没有及时、准确表达诉求，碍于面子不好意思提，其他股东无法知道其不满。

③大家认识到了应该调整，但不知道如何调整，没有及时获得专业人士的帮助。

大家看看，这些情况是不是和婚姻关系出现信任危机和裂痕很相似？其解决方案也是相似的，同婚姻关系需要经营一样，股东关系也是需要经营的。但股东关系的调整方案显然比婚姻关系多得多，如调整股权架构和股东权利行使方式；寻找第三方并购；股东分家，公司进行业务/资产和人员重组；或者公司解散。这些都是能够解决问题的方案。

失衡的股东关系不能及时得到调整，结果必然是股东关系破裂，引发股东争议。长期的股东争议将不可避免地把公司拖向死亡的深渊：人才流失、订单流失、现金流困境等。相对于婚姻关系破裂，股东关系破裂将造成更多的伤害。

4. 公司所有注意力都在业务层面，忽视了法人治理架构的搭建：

(1)没有人思考公司战略，董事长和控股股东下沉为执行层的技术员或销售员。

(2)董事长一人作决策，董事会形同虚设(在没有外部股东的情况下，董事会成员几乎都是公司内部管理层，股东会、董事会成员和管理层身份竞合)，没有建立起决策机制，公司在决策层面没有不同声音，出现重大事项决策失误，如关键技术的开发、关键客户的维护。

(3)管理团队躺平，薪酬与考核机制不当，没有建立激励机制，即使是正确的决策也因为在执行层面没有得到全面、有效的执行而错过时机。

(4)没有约束和监督机制，经理层越权，屡次发生销售人员舞弊事件。

(5)公司没有建立起对决策和执行过程的有效的监督和纠错机制，没有建立起对经理层科学的授权、激励和约束机制，导致错误的决策或执行过程中的偏差没有得到及时的发现和纠正，任由损失扩大。

(6)没有使用现代化管理工具，信息化管理水平不能支撑公司成长阶段的需求。

5. 没有稳定地引进职业经理人。职业经理人离职事件频繁发生，导致除创始人股东外，一直没有其他经理人能够担当重大事项决策的职能，更多引进的只能是中层，无法实现对创始人能力的有效补充。这也是公司迟迟不启动股权激励的原因。

6. 股权激励无效。2010 年后的 10 年也是国内公司股权激励的高光时刻，在风险投资资金和火爆的证券市场的双重激励下，多数公司实施了股权激励，但没有起到激励效果而失败的居多。失败的多数原因如下：

(1)时机不合适。如果过早，公司还没过生存期，业务和盈利模式尚不成熟，管理层和创始人共同承担了公司风险；如果过晚，公司业绩高涨，外部投资人引进，公司冲击资本市场，公司的发展与管理层的利益没有关系，引发辞职。

(2)价格不合适。价格过高，管理层用高价购买了自己创造的业绩，怀疑老板没有诚意；价格过低，公司计提高额股份支付费用，影响当期利润和资本市场进程；赠送的、管理层没出钱的部分就不会受到珍惜。

(3)约束条件不合适。约束条件过高，股权激励成了捆绑大家的“职业抵押金”；没有约束条件，或者约束条件过低，或者其没有与考核结合起来，有人迅速离职，股权退出，没有起到激励效果。

(4)股权激励份额分配不合理，管理团队离职。

(5)没有给新人留出份额，不利于新职业经理人的持续引进。

7. 第一次引进外部投资人出现重大失误：

(1)高估值，多数公司摒弃了国际上通行的 IPO 前 6 ~ 10 倍的估值范围，而以 10 倍以上的价格进行估值。

(2)高业绩和 3 年短期快速上市时间承诺埋下了风险隐患。如果触发对赌条款，股权即转化为债权，公司则要承担股权回购的义务，回购金额为原始投资成本 +10% 左右的年息，大股东为此承担连带担保责任。对于标的公司来说，如果 3 年内不能实现上市，则成本为 30%，这事实上超越了绝大多数公司能够实现的利润水平。

(3)财务投资人既要高业绩和公司上市的结果，还要行使过程中的股东权利，如股东会/董事会的一票否决权、反稀释权、随售权、优先清算权等从国外抄来的股东权利。过多限制的条条框框致使公司管理团队无所适从。

(4)标的公司在自以为用轻松的方式获得了不需要偿还的资金后，公司经营动作变形：大量购买土地、房屋，将经营性现金流固化为不动产；或者盲目扩大生产规模，在收入没有显著增长的情况下增加成本；或者为了做量而放弃原有的产品战略规划，不再继续投入研发成本。

(5)在极端功利的模式下，财务投资人的投后工作也变了形：普通合伙人只关注募集和投资项目，并不关心投后管理，没有在法人治理上为标的公司作贡献，投资舞弊行为也时有发生。

(6)全球范围内的疫情和经济衰退导致高额业绩承诺无法完成，由此爆发了大量投资者与标的公司/控股股东诉讼、普通合伙人与有限合伙人之间的诉讼。令人不胜唏嘘。

8. 对外股权合作失败。如与国资或外资进行股权合作，双方在没有业务合作或者没有充分的股权合作可行性论证的基础上匆匆进行股权合作，最后的失败可能伤及公司元气，导致人员流失、订单流失而失败。

9. 危机处理方案不当导致公司失败：

(1)如公司大股东突发离婚诉讼引发危机，夫妻双方就公司股权是否构成夫妻共同财产产生争议，又由于股东同时承担了公司借款的担保，法律虽然没有认定股权为夫妻共同财产，但对股权对应的财产权益进行了分割。大股东的这种状态必然影响还不够坚实的公司治理架构，导致业务、管理受到影响；同时，如何对待大股东股权分割给公司带来的不利影响，如何在这种情况下新建股东和股权架构，如何寻找外来第三方的帮助，慌乱之中没有作出正确的方案，导致公司失败。

(2)为解决公司发展阶段资金需求，公司与其他企业之间进行了互保，被担保人破产导致公司对银行承担了高额担保责任，因此被拖垮。

10. 主要股东和管理层没有成长。对于处于迅速发展期的公司来说，公司的迅速成长内部依赖主要股东和管理团队的成长，外部看行业机遇。无论如何，如果主要股东和管理层不能同步成长，公司成长期的目标根本不可能实现。对于在改革开放初期设立的多数公司的股东们来说，其都是第一次做公司，此前在原单位(外资公司或大型国有企业，或其他民营企业)多数处于中层管理岗位。而中层管理岗位主要负责执行股东会和董事会以及经理层作出的决策，没有站在“一把手”和决策者的角度全面看公司的经验，也没有为公司战略和重大事项作决策的实践经验。所以，做公司对他们来说是个莫大的挑战。

第四章

公司成熟阶段（10～20 年）

CHAPTER 4

对于 A 公司来说,成熟阶段按照每三年一段分为三期:一期主要工作是完成与战略投资者的战略整合和股东磨合,完成 3 年承诺业绩(2012 ~ 2014 年),同时完成对股权激励的考核和期权落地(为与外部投资者的业绩承诺同步,公司修改了股权激励计划,将期权部分考核时间延长至和与外部投资人的业绩承诺期一致)。二期(2015 ~ 2017 年)可以开始启动资本市场战略,聘请中介机构入场进行财务、法律方面的辅导,同时启动第二期外部投资者引进工作和第二期股权激励工作。三期(2018 ~ 2020 年)提交 IPO 申报材料,完成资本市场战略。

(一)公司如期完成一期工作目标(第 12 ~ 14 年)

1. 在股权激励的制度激励下,公司全面完成与战略投资者的战略协同、股东磨合和业绩承诺的一期目标

在本次于股东层面和战略投资者谈股权合作的同时,公司业务层面的合作已经先行。一旦股权合作达成,业务层面的合作便紧锣密鼓地展开了。经过技术团队近一年的磋商,公司产品顺利进入战略合作者的新领域,打开了公司成熟产品在新领域的应用,使公司扩大销售收入规模成为可能。同时,公司原有研发的新产品也逐步成熟起来,销售收入占比逐步

提高。公司在3年时间内超额完成了对外部投资者的承诺,就超额完成与投资人承诺的部分,双方执行了对管理层的奖励。同时,公司完成了在股权激励计划中制定的业绩考核目标,期权股东完成期权确认、认缴出资。

到2014年年底,公司上了一个新的台阶,年销售收入超过3.5亿元,利润超过4200万元,产品结构、市场结构(产品应用的行业领域,境内、境外市场布局)都极具竞争力。

2. 完成与外部股东的磨合、法人治理架构的完善

公司业财一体化和财务预决算制度,看起来容易,做起来可是不易,幸好有2年的时间,在外部机构的帮助下也逐步实施起来。大概到第5年时,预算执行准确率(中间有一次调整)基本可以达到80%。借助外部机构的力量和信息化工具,公司部门建设和管理水平得到了极大的提升。

公司业务、业绩的完成和财务预决算制度的有效执行以及每年分红,都是股东各方信任关系的加分项。当然,对会议制度和董事会、经理层权限的执行大家也还不是那么熟悉,有时候也不清楚应该怎么做,但是有信任关系作为基础,加上公司董事长平和、愿意沟通的性格,大家多交流、多协商,很快就可以清楚地区分股东会和董事会的工作内容,并能够在新董事的帮助下形成正确的会议决策,使法人治理制度第一层面(股东与股东之间的关系、股东会对董事会的授权、股东会对董事会的激励和约束功能)得到实现。

(二)制定并实施资本市场战略:第二轮引进外部投资人(财务投资者,第16年第9月)、股改(第16年第12月)

1. 公司的资本市场战略雏形产生于股权激励和引进外部投资者之

前，而该战略的真正确立，是在2013年年底基本可以预见股权激励和与战略投资者合作的成功的时候。待2014年年底各方确认成功并执行完毕，公司开始启动资本市场战略，于2015年年初聘请中介机构进场辅导，报告期为2015年、2016年和2017年，同时启动IPO前的第二轮融资计划。

2. 第二轮融资计划的融资对象是财务投资者，采取部分股权转让、部分增资的方式。有了第一次融资的经验，第二次融资在中介机构的帮助下，总体方案执行得比较利落。

第二次股权融资方案主要内容如下：

（1）时间：公司启动IPO、中介机构进场后。

（2）融资对象：财务投资者。

（3）融资规模：6000万元，其中1500万元通过股权转让方式、4500万元通过增资方式，增资资金用于境外生产基地建设。

（4）股权转让安排：三位创始人股东同比例转让股权，股权激励平台适当变现，用于解决股权激励平台出资问题。

（5）估值：以公司2015年5000万元净利润为基础，按照12倍市盈率计算，公司估值投前6亿元，投后6.6亿元，五位财务投资者合计持有公司9.25%的股权。

（6）两位创始人股东和管理层作为一致行动人，共同作出了公司2018年年底实现上市的承诺。

第二次股权融资方案完成后，公司注册资本和股权结构变更如图4-1所示。

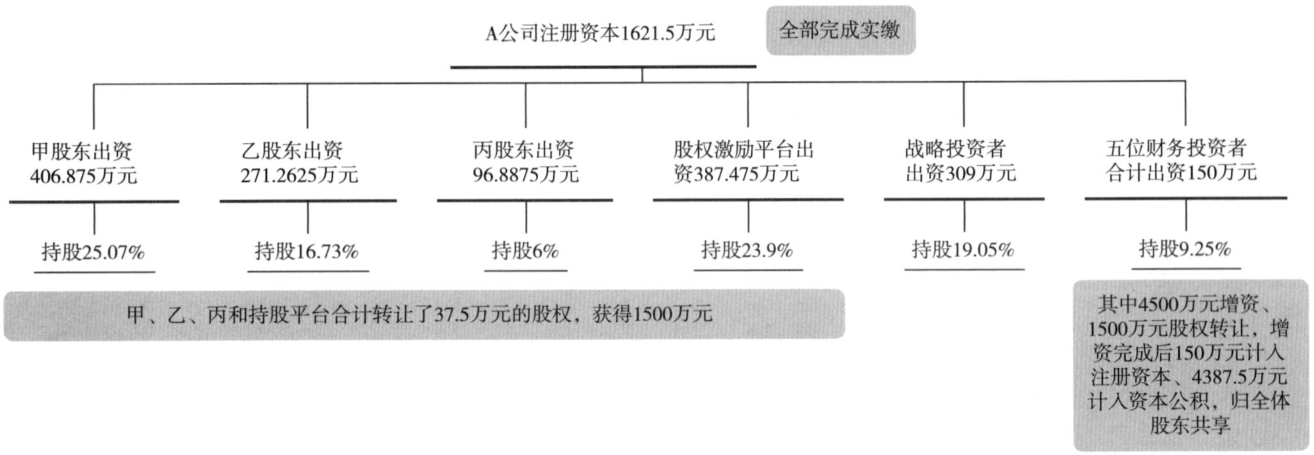

图 4-1　A 公司 2016 年 9 月引进外部投资人后第五次股权结构调整

注：60,000 万元投前估值/1509 万元注册资本 = 40 元/注册资本；增资计入注册资本的数量：4500 万元/增资价格 40 元 = 112.5 万元；股权转让数量：1500 万元/增资价格 40 万元 = 37.5 万元；新投资人合计持股数量：112.5 + 37.5 = 150 万元；增资后公司注册资本：1509 + 112.5 = 1621.5 万元；新股东占比：150/1621.5 = 9.25%。创始股东股权转让后同比例稀释股权，第一次增资的外部投资人同比例稀释股权。

3. 股改。

第二次股权融资方案于 2016 年 9 月完成后,按照中介机构辅导的规划,公司以 2016 年 10 月 31 日为股改基准日启动股改,2016 年 12 月 31 日前完成股改的变更登记,取得股份公司营业执照。股改后两位创始人直接持有公司 41.8% 的股权,在股权激励平台间接持有公司 2% 的股权,合计持有公司 43.8% 的股权,和管理层合计拥有公司 65.7% 的表决权。股权激励平台中共有 35 名骨干和核心团队成员,合计持有公司 23.9% 的股权。

公司股改后的股权结构如图 4－2 所示。

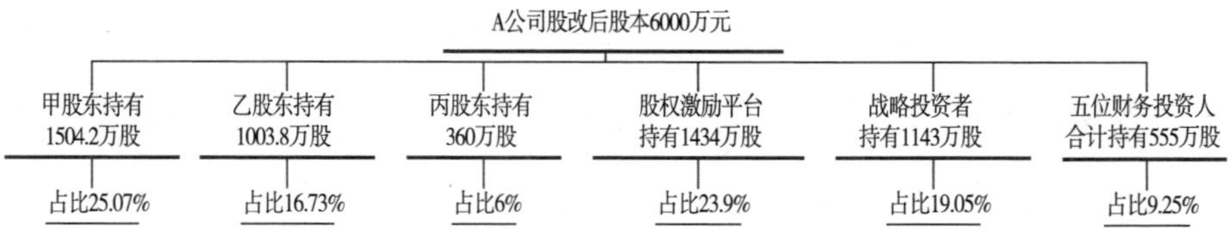

图 4－2　A 公司 2016 年 12 月股改后股权结构

(三) IPO 辅导期内(第 15～17 年),逐步夯实法人治理架构和内控等管理制度

有了 IPO 明确的规则要求,在中介机构的帮助下,一方面,公司完善了前期法人治理制度框架;另一方面,这些制度也得到了实施。

1. 两位创始人股东和销售负责人、财务负责人四位股东共同签署一致行动协议,主要约定内容如下:

(1) 在涉及有关公司经营发展及重要人事安排(董事、监事及高级管理人员、董事长、法定代表人、总经理、财务负责人等),以及根据《公司法》和公司章程规定需要经公司董事会或股东会审议批准的重大事项(以下统称重大事项）时，协议各方必须采取一致行动。

（2）协议各方采取一致行动的方式为：就上述重大事项行使提案权时必须保持完全一致，并在董事会或股东会上行使表决权时保持完全一致。协议各方中任何一方拟就上述重大事项向股东会提出议案时，须事先与其他各方协商并达成“一致意见”后以协议各方的名义按照该一致意见共同提出提案。在公司召开董事会或股东会审议上述重大事项前，协议各方应提前充分沟通和协商，就行使何种表决权达成“一致意见”并按照该一致意见在董事会或股东会上对该等事项行使表决权。

（3）协议各方充分沟通协商后，按下列标准确定协议各方的“一致意见”：以协议各方达成一致的意见为各方的一致意见；若协议各方的意见无法达成完全一致，则以甲方意见为协议各方的最终一致意见。

（4）公司在召开上述重大事项的董事会或股东会时，协议各方中的董事、自然人股东必须出席或只能委托协议各方中的其他董事、股东出席，并严格按照上述达成的“一致意见”进行表决。如果协议各方中的任何一方在作出表决意见时未按照“一致意见”表决，则计票人、监票人应将该表决票退还并责令其改正；拒不改正的，由主持人指定甲方中持股比例最高的股东代为改正。

（5）该协议有效期内，股权限售期满后，协议各方若计划减持公司股权，其他各方均有优先受让权，各方均明确放弃优先权的情况下，才可以转让给第三方。

（6）该协议有效期内，任何一方均不得以委托、信托等任何方式将其表决权交由一致行动人之外的第三人行使。

（7）未经各方一致行动，任何一方不得采取下列行动：提议召开临时股东会/董事会、向股东会/董事会提出临时议案、自行召开股东会、提名任免董事/监事/高管人选、行使股东知情权、行使股东诉讼权或代位诉权等。

(8)该协议自签署之日起生效,至公司在中国境内资本市场首次公开发行股票并上市后的第 36 个月终止,期满后经协议各方同意可延长协议有效期。

2. 股改后公司调整董事会成员至 9 名,原股东和一致行动人提名 5 名,战略投资者提名 1 名;公司增设 3 名独立董事,财务投资人合计提名 1 名独立董事,其余 2 名由董事会提名。在中介机构的辅导下,按照国内上市要求设置了董事会战略、审计和薪酬委员会,调整了股东会与董事会权限,制定了公司章程、三会议事规则、关联交易管理办法、对外投资管理办法等系列制度。上述关于公司法人治理、内控、组织架构方面的管理制度制定后,在创始人的坚定支持和外部股东的监督和中介机构的辅导、督促下,此前不规范的做法得到了纠正,各项制度在实践中也得到了全面的执行。

难能可贵的是,公司董监高能够发自内心地认同这些制度和约束对公司完成当前业绩和资本市场战略的重要意义,从而自愿学习,在实践中全面执行。

3. 法人治理第二层级,即组织架构、各部门职责以及经理层之间的配合与制约关系,借助考核机制、信息化工具得到全面执行,在中介机构辅导下逐步完善,在执行层面能够全面执行公司决策,执行过程中发生的错误和越权也能被及时发现和纠正。

4. 监事会的监督职能也事实上得到了发挥。丙股东退出董事会担当了监事长,与战略投资者委派的监事、职工监事一起真正发挥监事会对董事、高管监督的职能。

(四)公司如期完成 IPO 目标(第18年第12月)

在各方共同努力下,公司完全实现了报告期内的业绩和财务目标,同时制定了上市后3年内公司战略:包括第二次股权激励、第一次并购,以及重金聘请管理咨询公司助力公司完成成为国内知名、国际领先公司的目标。

幸运的是,公司2018年4月申报IPO,当年完成证券交易所审核、注册和股票发行。募集资金3亿元,用于建设办公楼、实验室和新产品生产线。首次股票发行后公司市值达到15亿元(发行基准日公司实现净利润8000万元,按照18.75倍市盈率进行估值)。公司一致行动人股票自上市后锁定3年,至2021年12月底解禁。

IPO成功后,A公司股本变更为7500万元,对外公开发行25%的股份,原股东股权同比例稀释25%,股权结构如图4-3所示。

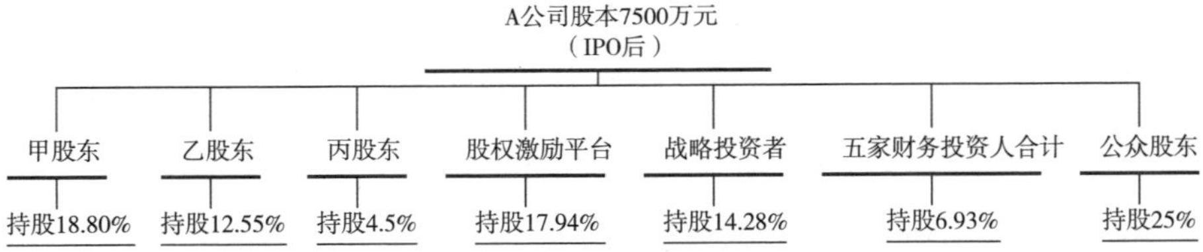

图4-3 A公司2018年12月IPO完成后股权架构

(五)A公司完成成熟阶段工作目标给我们的启示

1.公司成功实施第一次股权激励是内因,极大地调动了管理团队的积极性,同时引进了公司发展需要的人才。

2. 公司前面10年稳扎稳打，关键时刻引入战略投资伙伴是事业腾飞重要的外部力量。

3. 如期实现业务、财务指标的增长，并如期给股东分红，持续获得股东支持。

4. 公司两位创始人作为大股东理解公司法律关系的实质和大股东的诚信义务，照顾好其他股东、董事高管和员工、债权人的利益，信守承诺，生存期目标完成后每年对股东进行现金分红，完成业绩承诺，好好开会，未发生损害小股东利益的情形。小股东利益得到满足，自然是坚定支持公司的力量。

5. 公司两位创始人对资本市场的正确的理解和坚定的支持，把IPO辅导期间中介机构的力量用到了最大化，公司最大限度地配合中介机构，按照中介机构的意见和建议顺利完成第二轮融资，并把法人治理的工作做到实质，而不是像有些公司那样仅仅做了表面文章。可以说，3年辅导期间，公司的内控、法人治理水平以及管理团队总体能力都得到了长足的进步。公司财务规范、内控制度健全有效，逐步建立起从股东会到董事会、管理层的授权、激励与约束制度，法人治理的决策—执行—监督—纠错功能也基本能够有效发挥。

6. 公司前面10年逐步积淀的文化为这10年的发展奠定了基础并源源不断地贡献力量，这种文化就是尊重人性、务实、高效与合作。这种文化使公司事实上在各个时期都获得了公司法律关系中各方利益的支持，没有出现消极抵触和反对的力量。这是公司这10年没有犯大的错误的一个重要的原因。

例如，妥善处理退出管理的丙股东的诉求，虽然丙退出了管理岗位，但在第二次股权融资方案中始终和大家共进退，公司也没有因此损害他的利益；为了更好地发挥他的作用，让他担任公司监事，真诚地接受他的监督，相信他也有足够的动力对大家进行监督；同时，在上市申请中不把他纳入一致行动人范畴，也是一种符合人性的合理的安排。

又如，在第二次引进外部投资人时，创始人适当变现的同时，也为股权激励平台安排了变现，一方面解决了出资问题，另一方面让部分管理层在申报上市前就能够获得一些回报再加上每年分红，到最后冲刺 IPO 的时候，创始人股东和多数管理层基本实现了投资回本，轻装上阵更容易成功。

7. 公司确定资本市场战略，股改前就公司未来发展目标达成了一致，在“规模更大”或“盈利能力更强”或“持续时间更久”三个战略目标之间选择第三个，即“持续时间更久”。同时，此战略目标决定了公司相对稳健的业务、经营和管理行动模式。相对于短期追求规模的迅速扩张和明显高于同行业的盈利能力所需要的激进的策略，公司选择了相对稳健的经营战略，即考虑到公司所处的行业、股东的实际情况，选择小步快跑，以稳健的经营实现公司的持续发展，持续为员工、客户和股东、社会创造价值。

8. 这 10 年中公司没有错误吗？当然有，但没有发生大错误。其间发生了几个小的错误，如为与战略投资者合作，公司设立了湖南子公司，委派的现场负责人能力不济，导致前期合作双方出现了矛盾，公司通过及时更换负责人解决了问题；又如，未能及时发现客户公司发生变故导致坏账，给公司造成了 500 万元损失，公司及时从制度上进行了补救，在合同签署前和签署后履行过程中加强关注，杜绝此类问题再次发生。

上述错误能够及时被发现和纠正的原因如下：

（1）公司创始人股东及公司设立后 10 年内留存下来的管理层都在公司参与经营管理活动，主要股东所有权与经营权并未分离，错误的决策能够在执行中被及时发现。

(2)公司在外部股东的督促下建立的相对合格的内控制度、职能部门制约制度以及现代化管理工具的使用,也使错误和问题被及时发现并得到了迅速纠正和解决,没有造成严重的后果。

(六)如果A公司没有登陆资本市场,这10年间会面临哪些机会?

1. 资本市场不是适合所有公司的安排

对于任何公司来说,是否需要进入资本市场,是否适合进入资本市场都需要根据公司所处的行业、自己的业务和发展情况、产品战略和市场战略来定。一旦进入资本市场,公司将成为公众公司,要对不特定的多数股东(公众)的利益负责,资本市场的运作对公司提出了更高的要求。

(1)资本市场要求公司有持续盈利能力,能够持续为公众股东创造价值。

(2)资本市场要求公司有完善的内控制度和良好的法人治理架构,需要决策—执行—监督—纠错的法人治理功能得到有效发挥,用完善的法人治理架构和现代企业制度保障公司的持续盈利。

(3)资本市场要求股东和管理团队有驾驭资本市场的能力,大家要学习规则、遵守规则。

所以,股东和管理团队要对照要求,自己去作判断。

实践中,既有大量资本市场战略错误导致公司速亡的案例,也有大量的优秀公司在扎实有效的法人治理架构下能够维持公司的核心竞争力,实现公司的持续盈利,股东、董监高、员工、债权人各方利益相关者都能够得到满足。

2. 如果 A 公司不进入资本市场，还有哪些机会？

(1) 不对外融资，适度控制规模，稳定市场占有率，提升行业影响力，在新产品开发上练内功，提升管理能力，公司成为有竞争力的小规模私公司。

(2) 进一步融资，做些合适的收购，如在公司现有客户和市场基础上收购行业上下游企业，进行产业布局，加大规模，提高市场占有率，公司成为大规模私公司。

(3) 被收购，原股东退出，公司在新股东(养父母)的关照下继续成长。

常见错误及风险行为清单

1. 创始人股东争议。成熟期内导致创始人股东冲突的情形：

(1) 正常情况下，股东之间经历了艰难的生存期和成长期，到了成熟期很难再出现矛盾和争议。多数情况是前期发生了需要调整股权架构和股东关系的情形而没有及时调整，导致失衡的股东关系一直没有机会修复，如由于一直没有退出的机会，想退出的股东的真实意图没有机会实现。公司成熟期发生了某些特定的事件导致矛盾升级，如大股东的儿子在公司销售部门，在能力没有特别突出的情况下，大股东有意培养其为公司总经理，引发其他股东不满。

(2) 仍然是由于前面 10 年没有及时调整失衡的股东关系，二股东在体外设公司与公司进行关联交易，这种隐蔽性的利益输送在本次 IPO 尽调过程中被发现，引发股东冲突。

(3)大股东与二股东在公司资本市场战略上没有达成一致，大股东要做私公司，小股东要做上市公司。

此前由于各方对资本市场规则和要求没有充分的了解，直至公司聘任中介机构进场，向公司和各方提出具体的高要求时，大股东突然意识到把公司带到资本市场不是自己的真实意愿，可能自己无法驾驭，意欲中止，而其他股东不同意，双方产生利益冲突。而股权转让的方案也存在困难，一方面大股东退出价格过高，二股东没有支付能力；另一方面，实际控制权发生重大变更导致上市公司进程受影响，在长时间不能解决的情况下，可能导致公司僵局。顺利的解决方案可能是寻找第三方收购。

特别需要指出的是，随着公司发展规模的壮大，成熟期内的股东争议给公司造成的伤害远大于前面两个阶段。严重的情况会导致公司分家，部分股东带部分高管集体离职，与公司从事竞争性业务。或者争议股东拒绝配合公司完成上市辅导工作和文件签署，或者提起诉讼，导致新一轮融资和 IPO 工作受挫。

2. 第一次外部投资者引进失败，公司没有如约完成业绩和承诺，触发对赌和回购条件，引发诉讼，导致第二次股权融资无法完成。

3. 第一次股权激励中的错误导致多个董事高管与公司发生争议：

(1)第一次股权激励中因考核机制设置不当，多个激励对象未完成考核而没有如期获得期权，产生不满，公司处理方式亦过激，直接开除了 3 名董事高管，导致冲突升级至民事诉讼和劳动仲裁。

(2)期权制度执行失败，导致激励对象纷纷放弃行权，股权激励计划目的不达。

4. 第二轮股权融资方案不当：

(1)公司对估值要求过高，导致长时间无法达成一致，影响后面 IPO 进程。

(2)融资规模过大，过度融资导致公司过度扩大生产规模，增加人员，摊子铺得太大，超越了现有管理团队的管理能力，导致应收账款规模过大，产品质量纠纷与客户矛盾频发。

(3)第二次融资估值过高，公司后面没有如期实现 IPO 目标，在全球范围内疫情以及随后到来的经济压力下，外部投资人纷纷要求退出，发生挤兑潮，导致公司正常业务无法持续进行，引发公司困境甚至重整、破产。

5. 导致资本市场目标不达的情形：

(1)股东和团队对资本市场认识不足，急功近利，不能全面积极配合中介机构工作。不愿意俯下身子从公司长远发展目标上解决问题，建立内控和法人治理架构。

(2)公司法人治理架构没有建立起来，中介机构进场后发现报告期内存在影响上市的重大财务、法律和业务合规硬伤，资本市场战略搁浅。

(3)解决前期财务规范问题成本过高，公司不能接受。

(4)公司业务、技术、财务、管理、市场等各方面均没有核心竞争力，或者财务数据真实性存疑，中介机构退出。

(5)第一次申报失败后，被收购退出。

(6)匆忙申报导致失败，股东、管理层无法面对失败，管理层流失，后续业务下滑，导致失败。

(7)管理团队整体能力偏弱，承接不住资本市场的高要求。

6. 整体工作节奏安排拖沓，公司在关键时刻迟迟不能作出正确的决策，错过 IPO 和被并购的良好时机。

第五章

公司衰退或持续增长阶段（20 年以后）

CHAPTER 5

在国内中小企业普遍存续期有限的情况下，能够持续存在20年的公司就值得我们点赞了。经过20年的时间，如果公司不能持续实现盈利并给股东分红，无论规模大小，无论是否登陆资本市场，都说明公司设立目的不达。这样的公司其实是不大可能存续20年的，国有企业除外。从这个角度讲，20年之后的公司大概有三种情形：小规模私公司[①]、大规模私公司和上市公司。这三种公司想要在20年后避免衰退而持续增长都需要智慧。下面分三种情形展开。

(一)20年后存续的公司类型：小规模私公司、大规模私公司与公众公司

1. 小规模私公司

小规模私公司的基本特点是股东对于公司发展目标维持在适度规模具有确定的认识，不盲目扩大生产经营规模和人员数量，将人员数量和公司规模控制在股东和管理层可以承受的范围内。公司人员配置、管理制度、薪酬与考核都可以不用那么严格，也不需要引进外部投资人，管理层也

① 公司规模大小根据行业不同而有较大差异，粗略地说，对于工业企业来说，人数低于50人可以是小规模；人数300人以上的可以是大规模。

不见得要实施股权激励，但事实上的薪酬制度让核心管理团队甚至是全员都不同程度地分享了公司的利润。

小规模私公司维持运营、实现持续盈利的必要条件如下。

（1）持续推出领先的产品和技术，维持公司业务、产品和技术的核心竞争力现金流良好。

小规模私公司的持续经营要求公司在产品、业务和技术上有明显超越同行业的核心竞争力，这种突出的技术和产品优势是公司能够获得高品质客户和订单、定价权、优越的商务条件（如客户要支付高比例预付款）以及高于同行业净利润率的基础。良好的现金流可使公司在维持适度生产规模的情况下，不借助银行借款而很好地维持运营。同时，股东每年都可以得到分红，董事、高管的薪酬也明显优于市场平均水平。股东和董事高管的利益都能够得到满足。

（2）维持与上下游企业的良性生态关系。

由于公司具有高于同行业的盈利能力，所以在上下游客户关系上也拥有选择权，有条件选择优质供应商和优质客户并维持与他们的良性生态关系，即不过分克扣供应商的利益，诚实信用地履行合同义务，不拖欠客户的货款，债权人的利益也能得到良好的维护。

（3）维持与高管、员工的良性生态关系。

公司具备明显优势的核心竞争力和高于同行业的盈利能力既是公司选择有竞争力的高管和员工的原因，也是公司与高管、员工建立良性生态关系的结果。有竞争力的薪酬体系是表象，股东与高管、员工之间的高度信任和良好沟通关系，善待员工、用制度激发善意和创新的公司文化是公司可以持续维护核心竞争力和高利润率的力量源泉。

（4）维持小规模的管理优势。

从管理角度讲，持续盈利的小规模公司对公司管理水平要求相对不高，因为公司规模小，股东相对固定，所有权和经营权无须分离，一般也不需要建立董事会和监事会，股东、执行董事、经理层人员身份竞合，员工人数少，公司管理制度也基本与之匹配，即管理架构层级不复杂，流程以简单、高效为特点。多数情况下，公司主要股东是技术负责人，即公司业务和技术的学科带头人，公司的核心团队也在技术和研发部门。这就需要一套适合激发研发人员创造力的管理、考核、分配的薪酬制度。没有复杂的法人治理架构和部门设置，并不意味着公司决策—执行—制约—纠错的法人治理功能无效。麻雀虽小，五脏俱全。如一个法务经理可以将行政、人力资源管理、培训、合同管理等多部门的机构职能承担起来。

（5）维持小规模的稳定战略。

继续维持小规模私公司的核心竞争力和持续运营，需要在股东层面达成一个稳定的战略。如果战略变更，如现有股东不再满足于小规模私公司，突然放弃小规模私公司战略，而转向大规模私公司或者公众公司，为此不得不放弃此前的技术、管理、制度和文化优势，开始引进外部投资人，扩充经营规模和人员数量，但是股东和管理团队没有能力承接这种挑战，就可能引发失败。另外，公司传承中继受股东在公司文化、战略上作出重大变更也可能引发失败。

（6）妥善处理突发事件，如技术故障、管理事故、股东变故等，防止危机和重大不确定性给公司造成重大不利影响。

小规模私公司衰退的原因：上述任一条件不成就都会导致公司失败。

2. 大规模私公司

相对于公众公司，法律不强制私公司公开履行信息披露的义务，当然自愿披露除外。维持大规模私公司持续增长至少需要两个条件：一是公司产品/服务或管理需具有多项突出优势和核心竞争力；二是公司具有规模优势和大比例的市场占有率。大规模私公司持续运营且盈利的具体条件如下。

（1）公司产品/服务或管理需具有多项突出优势和核心竞争力

如果仅在业务、技术、产品、服务、管理单方面具有优势，不足以公司维持大规模运营。

（2）及时调整股东关系，维持股东之间的动态平衡

对于大规模私公司来说，稳定的股东关系并不意味着没有外来股东的引进，为满足公司扩大生产/服务规模的资金需求，多数情况下除了银行债权融资，还需要一定数量和频次的股权融资，包括寻求战略投资者和财务投资者。所以，一方面要维持原股东之间的平衡关系，另一方面也要维持原股东与新股东之间的平衡关系，在股权变动的情况下保持动态平衡。具体要求如下：

①公司持续盈利，股东持续获得分红，股东投资的基本目标能够达成。

②股东会制定了科学的公司中长期战略，包括产品战略、市场战略和资本市场战略。

③股东之间维持信任关系，有定期的沟通机制和科学决策机制，无论股权结构如何，都能够对公司战略、董事会/监事会及核心管理层（总经理、研发、生产、销售、财务总监）等人选，对董事会的授权范围，公司基本管理制度等重大事项达成一致；大股东/董事长在主导上述重大的决策过程中能够有效听取各方意见，有科学的解决不同意见的方案。

④定期召开股东会，大股东和参与经营管理活动的股东能够及时向其他股东披露公司业务、技术、行业竞争状况以及财务经营数据的主要信息，

披露的信息真实、准确、完整，没有重大遗漏或误导性陈述。

⑤公司设董事会，董事会成员中有外部董事，公司董事会成员有参与决策的专业知识和能力，无论是否持有股权，都能够为公司在董事会层面的正确决策贡献价值。

⑥公司会计核算合规，股东会或者其授权董事会每年聘请会计师进行年度审计和内控评价报告，会计师没有出具非标审计报告或内控制度重大缺陷报告。

⑦公司有固定的财务、法律、行业、战略、税务、人力资源等多家专业外部中介机构提供支持，并与他们建立长期深入的合作关系，这些外部机构从不同的专业角度为公司贡献价值，股东们没有收到这些外部合作机构关于公司相关业务经营和管理方面存在重大危险的情形的报告。

⑧没有发生股东争议或者股东提起公司决议效力纠纷、知情权纠纷、股东侵权纠纷等情形。

⑨公司股东会层面作出的错误决策能够被及时发现和纠正。

(3)建立并全面运行科学、高效的法人治理架构，对董事、高管的授权、激励和约束机制恰当

大规模私公司已经实现了所有权和经营权的分离，不参与公司生产经营管理活动的股东在很大程度上已经不能及时“听到战场的炮声”，所以公司更需要一个强大的董事会。支撑公司持续增长的完善法人治理基本要求如下：

①董事会成员架构合理，有一定数量的外部董事和非执行董事或独立董事，他们不持有公司股份，也不参加公司生产经营和管理活动，但能够从不同的专业角度参与公司决策，为公司董事会的决策行为贡献价值。

②董事会决策机制健全，并非由董事长一人决策，董事会在决策过程

中实行“一人一票制”，有提出反对意见的情形，有董事会议案不通过的情形，也有科学的不同意见解决方案，如将未通过的意见或者不同意见提交董事会扩大会议（部分高管参加）或股东会讨论。

③公司对董事长的授权明确，除法律规定的主持董事会和股东会、对外签署已经形成决议的文件和重大合同、执行股东会审批的预算制度外，没有概括的“一揽子”授权的情形，公司同时制定了防止董事长滥用职权的制度。

④公司能够执行有效的财务预决算制度，并按照是否属于预算范围内事务、是否与主营业务有关以及事务涉及的金额三个维度就重大事项在董事会和经理层之间进行职权划分。

⑤公司制定并全面执行了有效防止董事长、总经理、财务负责人等关键岗位人员滥用权利损害公司利益的制度。

⑥董事会作为股东会的执行机构，能够全面执行股东会的决定，为股东会审议重大事项提供基础方案和意见，就股东会授权范围内的重大事项形成正确的决策，董事会工作基本能够得到股东会的认可，未发生董事会越权的情形。

⑦董事会层面的错误行为能够得到股东、监事会以及外部中介机构的及时发现和纠正。

⑧公司按照行业特点、公司战略、股东会的意见以及外部专业机构的意见进行了科学的部门设置，明确了各部门职责，建立了基本管理制度，确立了各部门分工负责、相互配合并制约的关系，按照管理科学（如企业内部控制应用指引第1号至第18号，俗称内控18条）的要求建立了科学的现代企业管理制度，并通过信息化管理工具的使用，保障系统高效运行。

⑨董事会确立了适当的经理人选任机制，与选任机制对应的薪酬考核

制度科学、合理,能够激发管理团队的积极性和创造力。

⑩未发生职业经理人频繁离职事件,也未发生大的职业经理人舞弊事件,或者虽有小额舞弊事件发生,但董事会和管理层能够及时发现并采取有效措施予以纠正。

⑪监事会和内部审计部门、外部审计机构、公司法律顾问等中介机构能够发挥有效监督作用,未反馈重大的内控和法律风险,或者发现后公司进行了有效纠正和处理。

⑫公司高管和员工总体薪酬高于市场平均水平,在行业内有竞争力。

⑬公司与供应商、客户、银行等合作机构建立了稳定的伙伴关系,与关键客户和供应商建立了紧密的合作关系,公司在产品和服务市场有较高的市场口碑和影响力,信用良好。

⑭公司合法合规经营,未发生针对公司、董监高的重大诉讼、行政处罚或刑事处罚事件。

大规模私公司无法维持持续增长的原因除维持大规模私公司持续增长的股东层面和法人治理层面的条件部分未得到满足外,发生下列情形之一的,都可以导致大规模私公司在 20 年后失败:

①公司管理效率低下(“大企业病”),不能对市场、行业和新技术的变化作出迅速反应,失去优势竞争地位。

②管理线拉得过长,如子公司管理失控,发生重大事故。

③关键时刻决策错误,导致重大损失。

④公司传承等意外或者危机处理不当,导致重大损失。

3. 上市公司

对于经过 20 年的努力完成了资本市场战略、成功登陆资本市场的公司来说，成为上市公司之后，维持公司的持续增长、实现股票价格和市值的持续提高也并不轻松。与小规模私公司和大规模私公司相比，上市公司具有获得资源、资金和人才支持的优势，同时要严格遵守资本市场规则，负有全面履行《证券法》、中国证监会和各证券交易所规定的上市公司的信息披露义务和更高法人治理要求的义务。这些义务的履行必然会增加公司的运营成本。具体如下：

（1）业绩持续增长，持续实现盈利，不能变脸

如前所述，维持上市公司股票在证券市场上活跃交易的基础是买方能够获利，虽然买方有利用股票交易信息不对称买入的优势，但是总体上看，公司未来股票价格能够上涨并获得预期利益是基础。而维持价格上涨预期的基本面是公司能够持续实现盈利。所以，公司业绩持续增长是首要条件。

（2）尊重资本市场规则，严格履行法人治理和信息披露义务，不做违规的事

资本市场不同于产品市场，其所含的是一对多的法律关系。不特定的多数股东基于公司披露的信息，信赖公司业务的持续增长和业绩的持续盈利，但他们并不参与公司的生产经营和管理活动，公司、股东、董监高等内部法律关系主体有利用信息优势获利的冲动。为建立一个公开、透明的证券市场，维护交易秩序，保护处于弱势地位的公众股东的利益，《证券法》、中国证监会和各证券交易所制定了严格的法律、法规和规定，赋予了上市公司、上市公司控股股东、董监高特别的义务，明确了违反法定义务损害公众股东利益的严厉的罚则。

（3）用好资本市场平台，做加分项

对于上市公司而言，一旦进入资本市场，借助资本市场平台，股东就可以

实现股权的自由处分，公司就可以更便利地融资，引进公司发展所需的资源、资金和人才支持，通过诸如股权激励、定向增发、发行股份购买资产、分立、合并、上市公司收购、发行债券及其他金融衍生品种等方式，实现规模扩张、产业调整的战略目标。遗憾的是，国内一些上市公司在完成 IPO 目标后再无任何资本市场动作，沦为资本市场的“僵尸企业”。这种情况下，其履行上市公司信息披露义务非但没有获得相应的利益，反而是一种不利于竞争的行为。

（二）公司成功登陆资本市场后：第二次股权激励（第 19 年）、转增股本（第 21 年）、第一次并购（第 22 年）

回到 A 公司，A 公司在设立后 20 年内，按照公司长期发展战略，依靠公司突出的竞争优势、有效的法人治理架构和突出财务盈利能力，在股东、公司、外部投资人、董监高和中介机构的共同努力下，完成了登陆资本市场这个近期目标。

从公司长期发展战略来讲，资本市场只是手段，仍然不是目标。如前所述，并非所有的公司都需要上市，并非所有的公司都适合上市，并非所有的公司都能用好资本市场平台，实现公司的长期发展。

我们来看看 A 公司是如何成功用资本市场平台实施其长期战略的：

1. 如期实施上市前制定的上市后第一个 3 年战略规划中的绝大部分目标，并根据实际情况适当调整了部分工作节奏。

公司上市前制定的上市后 3 年战略包括“第二次股权激励、第一次并购，以及重金聘请管理咨询公司助力公司成为国内知名、国际领先的公司”。上市工作完成后，公司实事求是地进行了部分调整。

(1)如期完成募投项目,3亿元募投资金到账对公司来说是个大事,要按照公司业务和经营管理发展需要以及资本市场的要求用好募投资金,如期完成新厂房和办公楼建设,扩大生产规模,实现销售收入增长,在团队人员和管理部门显著增加的情况下增强管理能力,在外部竞争环境加剧的情况下保持竞争优势,如期实现利润增长。

更为难得的是,公司如期完成了新产品生产线的建设和运营,将此前的小规模扩大到大规模和持续生产,建立了稳定的采购和供应体系以及拥有了稳定、有竞争力的客户。随着新产品的推出,公司逐步引进成熟管理团队,建立了新业务管理团队与现有管理团队之间的不同的管理模式、考核体系。在公司平和、务实的文化影响下,新业务团队逐步融入公司,用3年时间逐步完成了与现有团队的磨合。新产品的顺利推出和预期目标的实现,不仅为公司贡献了销售收入和利润,提高了股东、董事、总经理对新业务和管理团队的管理能力的信任,加固了与新业务核心人员的合作关系,也进一步提升了公司在行业的影响力和核心竞争能力。

除上述业务、经营和管理活动外,还需要应对资本市场增加的工作,如当地政府的期许、与投资人的沟通、对资本市场监管规则的学习和应用,以及信息化时代"好事传千里,坏事瞬间就可以传全球"的公共事件处理。这对公司、股东和管理团队来说都是个挑战。

除上述挑战外,心理上的挑战也不容忽视。公司从名不见经传的小公司瞬间成为当地政府、同行业瞩目的上市公司,政府机关、银行等给予了极大的支持,光环不仅在股东、股权激励对象账户的纸面财富上,也在日常的点点滴滴中。正确对待这次小成功,实事求是地评价股东、董事会和管理团队的业务经营和管理能力就变得非常重要。大家千万别忽略了这个心理上的变化,实践中在上市后 3 年内夭折的公司不在少数。

(2)如期实现业务、业绩的增长,并如期给股东分红,坚守了做公司的本质,有力地维护了股东利益,维持了与现有股东,包括内部创始人和上市前引进的机构投资者和财务投资人之间良好的信任关系。由于公司业务和财务基本面的持续增长符合预期,除创始人一致行动人、股权激励平台股权尚在禁售期内,其他外部财务投资人限售期满后多数实现了盈利退出,战略投资者继续持有股权并持续增强战略协同关系。这种对投资者友好的上市公司自然也获得了市场上更多投资者的关注,为下一步公司资本市场运作持续获得市场支持提供了基础。

(3)如期完成第二次股权激励和引进管理咨询机构对公司进行管理精进和组织转型工作,从第三方角度协助公司发现和解决前期发展中存在的问题,为未来持续发展、股东会和董事会顶层法人治理架构的进一步建设和有效实施打下坚实的基础。

(4)适时调整了上市后 3 年内实施并购的工作规划,将对外收购行为推迟至 3 年以后。主要有四个原因:一是上市后新增业务的发展路径需要些许调整;二是现有管理团队忙于上市后的募投项目建设、成熟产品扩大规模、新业务的推出和规模化以及资本市场规则的学习和适用,确实没有充分的条件和精力来思考对外收购;三是对于 A 公司所处的行业来说,未来行业的发展路径还不是那么清晰,需要时间来检验,所以收购标的的选择也处于不明确的状态;四是中介机构建议推迟,因为总体上看,公司对外收购条件不具备,如果匆忙进行,可能难以达到预期。

(5)公司与资本市场中介机构建立并保持了良好的长期合作关系。对于上市公司来说,这很重要。因为资本市场与产品市场不同,公司股东和董事会成员、管理层非常熟悉公司所在的行业、业务、技术和管理，但资本市场是产品市场的高阶产物，是不经常发生的，也是大家不熟悉的。有时候，这些不熟悉的规则和逻辑可能也不是大家去上个工商管理硕士（Master of Business Administration，MBA）班，看一些书籍，和一些投资、法律、财务、并购、税务等大佬交流几次就能掌握的，确实需要专业人士的力量和帮助，尤其是让这些专业机构能够参与公司重大事项的决策过程，从不同的角度给大家提些问题，泼泼冷水。这都是有意义的。

另外一个原因是，公司上市后，在业务规模扩大和财务杠杆以及市场各方的瞩目下，一个不经意的错误决策可能带来的风险和损失也是非上市公司所不能比拟的，资本市场的错误和风险也有杠杆效应。这样的例子比比皆是，不胜枚举。大量公司登陆资本市场后迅速倒掉便是例证。

当然令人欣慰的是，A 公司上市后，先后进行了第二次股权激励、对外收购、持续引进财务投资人的资本市场运作，引进了公司在 20 年后持续发展所需的资源、资金和人才，实现了创始人退出管理团队和管理团队更新升级的目标。更难能可贵的是，公司能够认识到前期发展阶段在法人治理和管理方面存在的不足和问题，重金聘请管理咨询公司，协助公司实现管理升级、组织升级和人力资源升级的目标。

2. 2019 年实施第二次股权激励。

公司上市后，第二次股权激励工作启动的前提条件基本成就，首期股权激励的目标效果基本实现，公司成功实现了业绩提升和登陆资本市场的目标，其间公司吸引了多位核心骨干和管理人员以及新业务管理团队，但他们都还没有公司股权，所以急需实施第二轮股权激励。于是，公司决定在上市后第一年即 2019 年启动第二次股权激励，具体内容如图 5 - 1 所示。

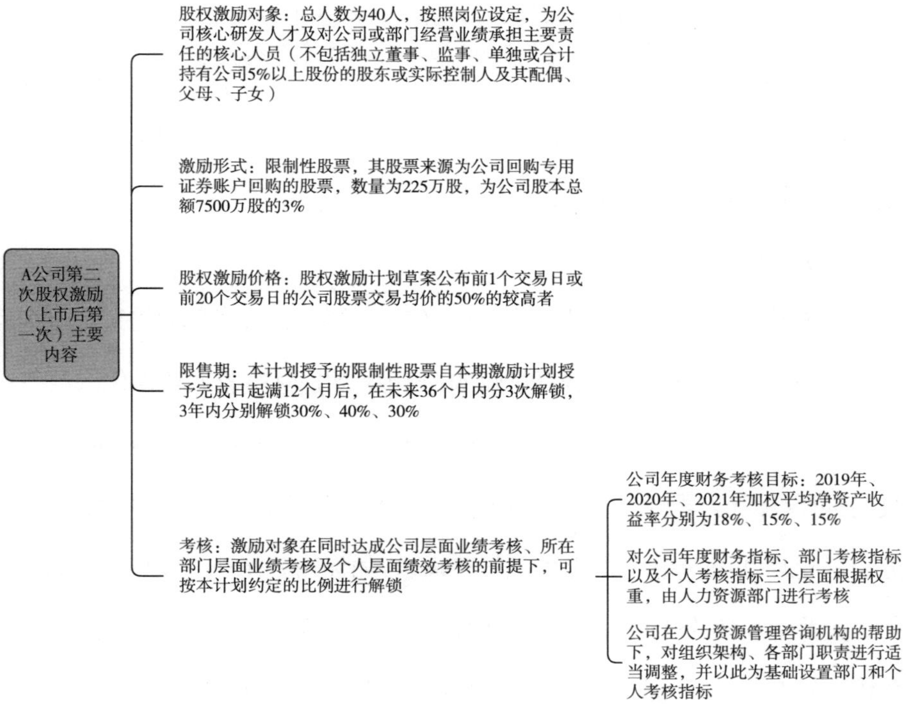

图 5-1　A 公司第二次股权激励(上市后首次股权激励)主要内容

注:更多关于限制性股票的股权激励内容,可参见《美的集团股份有限公司 2023 年限制性股票股权激励计划(草案)》,载 http://file.finance.sina.com.cn/211.154.219.97:9494/MRGG/CNSESZ_STOCK/2023/2023-4/2023-04-29/9179296.PDF。

需要说明的是:

(1)本次股权激励制度考核期内,由于经历了疫情,公司相应下调了财务指标;(2)并非所有的股权激励对象都顺利完成了考核获得了股权激励,其间有多人离职,公司实施了回购注销,但没有影响本次股权激励整体制度的实施;(3)本次股权激励实施后,公司将股权激励制度作为常态,后续可以持续推出多种股权激励方案,包括期权、合伙人计划、员工持股计划等,持续不断地激励公司核心人员,为公司上市后的持续发展提供基础动力。

3. 2021 年公司用转增股份的方式分红，公司股本变更为 1 亿元，全体股东同比例获得增资。

4. 上市满 3 年后，即 2022 年启动第一次收购，同时发行股份募集资金，进一步引进战略投资者和财务投资人。

(1) 收购标的的选择：

①要基于双方战略，在清楚自己战略需求的基础上，了解对方战略，即标的公司目前所处战略时机、选择被收购的原因、想通过被收购获得什么利益。

A 公司从自身战略角度出发，选择了现有产品的新应用领域，通过本次收购，可以增加公司现有产品的应用领域，从而进一步扩大销售规模和盈利能力。同时，也要考虑标的公司的战略需求，如标的公司现有规模不大，正处于扩大营销规模的战略布局中，因为拥有某一核心产品而拥有了行业内有竞争优势的客户，并欲通过该客户迅速打开相关行业。如果本次收购成功，A 公司产品可以借助标的公司进入其采购配套，解决发展所需的资金，并通过获得标的公司的优质客户而扩大自己产品的应用领域。所以，二者战略匹配。

②标的公司规模不能过大，也不能过于复杂，如果规模过大、收购对价太高，一旦失败，公司可能无法承受。管理团队通过首次收购来练手也是一个现实的战略目标。如果符合公司战略的标的规模过大、估值太高，公司也可以采取先参股收购并保留控股权收购的优先权，附条件收购控股权的方式进行。

③由于双方处于相关行业，如果双方此前有业务合作的基础，可在业务合作基础上考察标的公司文化、信用、履约能力等因素。

④标的公司的地理位置和人员结构能与 A 公司产生协同或互补也非常重要。

⑤在对自己公司进行合理估值的基础上，对标的公司进行合理估值。A

公司在自己前面两次引进外部投资人的基础上，理解了合理估值的重要性。而公司上市后通常会被高估值，为避免双方被高估值，公司选择了一个自己认为合理估值的时机及时锁价，在此基础上，与标的公司谈合理估值。

⑥了解对方公司文化，发现文化的共同点与差异点，确保不会发生大的文化冲突。

(2)A公司实施收购的流程：

①业务、技术、客户、市场可行性论证先行，双方业务团队充分推演和论证双方在业务、技术、市场上战略协同的路径。

②就双方估值方法基本达成一致，上市公司就并购实施方案与中介机构进行初步论证，如发行股份购买资产并募集配套资金方案涉及的公司基本条件、审批流程等。

③财务、法律、行业等第三方尽调。

④双方进行商务谈判：商务谈判的前提条件是第三方尽调结论基本可行，没有重大财务、法律、业务风险，或者即使有重大风险，但中介机构协助提供的风险应对方案双方能够接受。

⑤按照交易方案寻找参与本次收购提供募集资金的投资人，即上市公司发行股份购买资产的投资者，解决收购所需的现金部分的支付对价。

⑥签署附生效条件的收购协议，按照规定流程履行董事会、股东会审批流程，报相关证券交易所、中国证监会核准，并公告。

⑦交割与实施。

(3)公司上市后实施第一次收购方案：发行股份购买资产并募集配套资金(见图5-2)，收购完成后，公司股本变更为1.18亿元，实际控制人共同控制的表决权超过34%，为第一大股东。

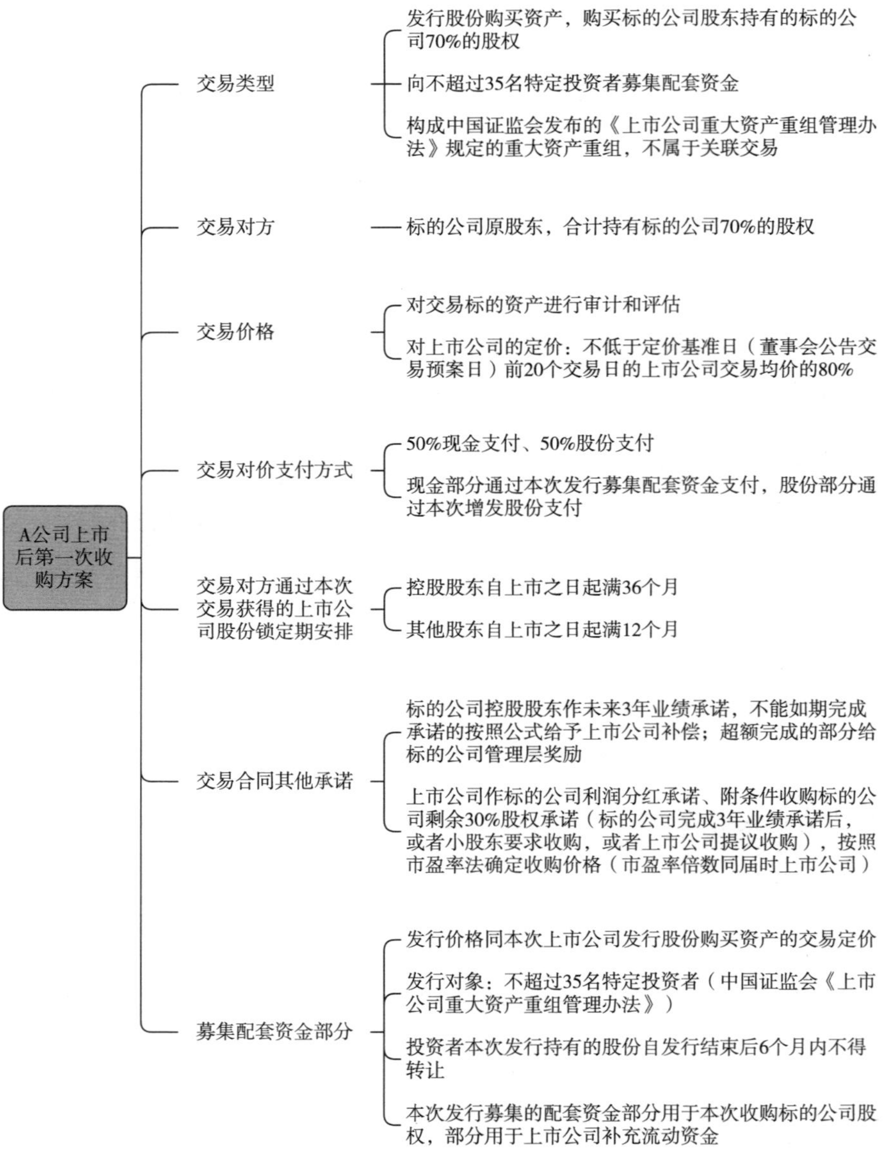

图 5－2　A 公司上市后第一次收购方案

注：更多上市公司收购方案可以参见哈森股份 2024 年 1 月 16 日发布的发行股份收购资产并募集配套资金方案预案。

（4）公司第一次收购方案履行的程序（见图 5－3）。

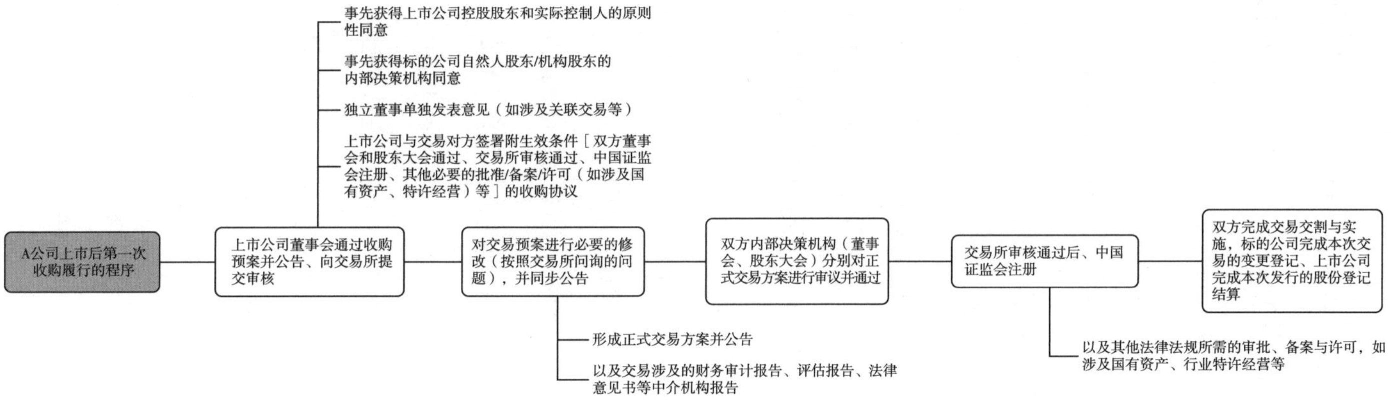

图 5－3　A 公司上市后第一次收购履行的程序

5. 至 2021 年 12 月 31 日，IPO 限售期满，公司增加一致行动人，修改一致行动协议，将时任董事、高管一并纳入一致行动人范围内，将一致行动协议再次延长 3 年至 2024 年 12 月 31 日。一致行动人的增加在增强了公司控股权的同时，加大了公司决策层的力量，使更多优秀的人才和创始人形成合力，为公司业绩的持续增长创造价值。

同时，公司两创始人退出管理团队，仅保留董事职务，聘任职业经理人担任公司总经理，实现管理团队的更新升级。对于两位创始人来说，退出管理岗位意味着公司传承的第一步工作已经完成，意味着公司已经建立了科学、有效的法人治理架构并能够有效运转，意味着公司建立了科学、有效的分权和制衡体制，对管理团队的科学的授权、激励、约束机制也基本有效，这些基础工作是公司创始人退出管理岗位的前提和制度保障。

6. 三年规划完成后公司制订 5 年规划和 10 年规划，确定了公司未来成为行业领先企业的愿景，包括产品规划、境内外经营的扩张规划、资本市场规划和行业定位。同时，在外部中介机构和人力资源的共同努力下，不失时机地坚定了公司文化：对内经营和管理工作平和、务实、高效，尊重员工，激发善意和创造力；对外业务合作尊重商业规律，与合作伙伴共赢；最终促进员工福祉和股东利益最大化。这是在深入复盘公司前面 20 年的成功经验和失败教训的基础上积累和提炼的文化，这种积极、科学、务实的公司文化为公司 20 年后的发展、面对和解决困难和危机提供了深厚的力量源泉。以这种坚实的文化为支撑，以公司坚持的法人治理制度为保障，我们有理由相信公司能够走得更远。

（三）创始人股东在公司上市后如何实现股东利益

1. A公司三位创始人股东没有采取当前通常的上市公司控股股东通过股权质押模式获得利益的方式。由于控股股东股权3年限售，所以在3年限售期内国内上市公司多数采取股权质押的方式获得银行资金支持，股权质押以公司股票价值为基础，一旦股票价格发生大的变动，抵押物就会贬值，银行将有权强行平仓，低价出售股票。严重的情况下，可能引发控股权变动。

2. A公司三位创始人股东没有采取占用上市公司资金的方式获得利益。公司上市后，上市公司的现金流是充足的，但股权限售期内股东除了正常的薪酬并没有额外的资金来源，对于那些想对外投资房地产/股票/其他行业，有大额现金支出的控股股东来说，通过各种方式占用上市公司资金也成为通常的模式。一旦发生大量的投资失败，导出去的现金流就无法如期回到上市公司，必然影响上市公司正常业务与经营活动，于是来自相关证券交易所、中国证监会的罚单就来了。严重的会引发公司控股权变动，更有甚者会导致刑事责任。

3. 幸运的是，由于上市前三位创始人股东通过股权转让的方式获得了部分利益，基本将此前的投资成本溢价收回，所以他们在上市后3年锁定期内没有大套现的冲动，又由于专心于公司业务，也没有投资其他业务的冲动，所以没有通过股票质押借款方式变现，也没有占用上市公司资金，限售期（甲股东和乙股东作为一致行动人和共同控制人限售期3年，丙股东限售期1年）满后，三位创始人股东根据自己的实际情况进行了不同程度的减持，通过资本市场实现了收益。

（四）A 公司在上市后成功运作给我们的启示

1. 坚守做公司的本质与实质，即业务规模的提升和业绩/利润的持续增长，并持续为股东分红。著名管理学家德鲁克曾说过，完成公司业绩的持续增长其实是个悖论，因为社会资源总量是确定、不变的。那么持续增长从哪里来？要达到这个目标，就要尊重员工，激发员工和管理团队的创造力；尊重合作伙伴，为合作伙伴和上下游客户创造价值，留出合理的利润空间，实现共赢；尊重股东，发自内心地感恩股东对公司和管理团队的信任，以及资金和资源、人才等各方面的支持；尊重资本市场规则，尊重中介机构，与各方外部力量合作，源源不断地获得支持，也能及时补充内部力量的不足，从不同角度审视公司在重大事项上的决策，防止决策错误和大错误，尽量少走弯路。

2. 坚实前行，但不冒进。A 公司上市后正好是资本市场高涨的时期，发行价格、上市后股权激励、上市后收购等事项，公司都选择了相对平和的方案，而没有选择极端冒进的方案。

3. 两位创始人股东上市后没有故步自封，勇于接受挑战，宽容地接纳管理团队，并通过放权、建立制度和机制培养合作伙伴，使自己能够适时退出管理岗位，为年轻人的成长和公司未来发展持续注入力量。

从人性角度讲，A 公司的两位创始人股东并不是那么激进的人，他们从大学毕业到自己创业，不过是赶上了国内经济迅速发展的好时机，因为稳健经营而没有大的失误，自然实现了增长。但持续增长是不容易的，这就要求股东持续学习和进步,接受新事物,接纳年轻人来承接自己冒险不足的部分,从而不失时机地将年轻人推到职业前线,与年轻人形成合力,使公司的持续发展成为可能。

4. 决策—执行—监督—纠错的法人治理功能基本完备并有效实施,没有发生大的决策错误。经过 20 多年的发展时间,公司基本建立了有效的法人治理架构和科学的分权、授权、激励、约束机制,法人治理能够有效运行,内控体系基本完善,确保公司在重大事项上没有出现大的决策错误,决策和执行过程中的错误能够被及时发现和纠正。

5. 及时修正错误和失败。如多数公司一样,公司上市后不可避免地出现了一些错误行为:(1)上市后管理团队膨胀,排挤新人导致人才引进不力;(2)公司在引进外部人力资源机构对公司进行战略咨询时,调整公司组织架构、削减原团队管理层职权、加大考核与原团队产生的利益冲突导致老人离职;(3)公司给予引进的小业务团队高额薪酬导致老人不满,但拿到高薪的新人并没有达到预期的效果等;(4)公司在上市前为扩大销售规模,境内业务销售部门没有严格按照销售政策甄别客户,导致应收账款规模过大,坏账损失加大。

好在公司规模不大,两位创始人股东和上市前建立的核心团队能够及时发现问题并复盘,发现原因并迅速、彻底地解决,避免损失扩大。

(五)存续 20 年后的公司可能面临的衰退和困境处理难题

1. 不可避免的衰退

从企业管理角度讲,公司衰退是经营问题,也是自然现象,是解决“在社会资源不变的基础上实现企业业绩的持续增长”这个悖论不可回避的现实困难。

单从经营角度讲，由欧洲管理思想大师查尔斯·汉迪提出的“第二曲线”是有道理的，即当经济体经历了一段时间的增长后，第一条增长曲线（通常是传统的或现有业务）达到峰值并开始放缓时，要通过引入新的业务、产品或模式来开启第二次增长阶段。

但实现这个增长的第二曲线可能就需要借助组织的力量了，通过组织激发善意和创新才有可能。笔者不是企业管理专业人士，所以对这个问题没有更多发言权。

2. 衰退激发的股东矛盾

公司衰退给股东关系的处理带来了挑战，公司业务和业绩持续增长，股东的预期投资收益都可以实现，股东利益得到满足，或者即使对大股东某些做法有不满，股东利益能够实现的情况下，其是能够给予谅解的。所以，很多矛盾和不满情绪会被高业绩增长掩盖，一旦下行，这些矛盾就会出现。

（1）小股东要求退出，谁来承接小股东的股权？以什么价格接？

（2）小股东积极寻找战略投资者并购公司，但大股东不同意，又不承接小股东的股权。

（3）大家对是否进入资本市场有不同意见，或者对具体执行资本市场战略路径有不同意见等。

上述矛盾或冲突如果不能及时处理或者处理不好，都会引发危机，小股东会借用诉讼工具实现股权退出，如提起股东知情权诉讼、股东会/董事会决议效力诉讼、公司解散诉讼等，诉讼过程中采取司法保全措施，影响公司正常业务和经营活动，产生挤兑，严重的会引发后面的困境。还有公司股东直接体外设立公司,挖走公司业务骨干和订单,与公司进行同业竞争,继而又产生诉争,引起公司困境的连锁反应。

3. 导致公司困境的情形

完成了生存期目标,经营了 20 年以上的企业可能面临的困境包括但不限于:

(1) 股东层面的信任危机;

(2) 经营层面的业绩衰退以及行业变革;

(3) 管理层面的漏洞或风险,如核心管理团队离职带走公司重要业务和客户;

(4) 某个意外事件导致这三者同时出现。

典型的案例是最近 10 年来公司频繁、高估值引进 VC、PE,在本轮全球范围内的经济衰退中触发对赌回购义务,投资者提起诉讼、银行收贷导致公司现金流困境,人才和订单/重要客户流失。

客观地讲,我们的多数公司很难从这个危机中幸存下来,原因很简单:

(1) 前面的高估值和过于乐观透支了未来;

(2) 公司在接到外部投资者资金支持后,实现的经济增长质量不高,存在一些问题和隐患,这些问题和隐患在本次经济下行中爆发出来,如应收账款问题、管理粗疏问题;

(3) 公司没有俯下身子搭建法人治理架构、内控制度和现代企业制度,部门和组织没有力量支撑公司进一步的发展;

(4) 困境出现后不能理性应对,慌乱中作出错误决定,或者漠视投资人利益,不与投资人积极沟通,或者过于乐观抽公司的钱(血)还个别股东的出资,拆东墙补西墙,最终产生挤兑效应而倒塌。

4. 企业困境的应对方案

有没有解决方案？在公司还有价值的情况下，答案是肯定的。

一方面，可以尽快与投资者积极协商解决方案，出让控股权，寻找有力量的股东和战略投资者进行重组，同时引入外部中介机构，在新投资人的支持下，借助专业人士的力量，下大力气解决公司当前存在的组织无力、管理效率低下问题。

另一方面，如果无法通过并购重组与外部投资者合作，可以与同行业公司进行股权合作，变竞争关系为合作关系，通过股权层面的深层次战略合作，各方一起整合资源、优势互补，在此基础上继续加强管理，提升效率，共渡难关，积极探索解决生存问题的方案。

当然，如果此路不通，就该及时申请破产保护，防止最坏情况发生。

常见错误及风险行为清单

1. 业务和经营层面

(1) 前期为上市盲目扩大销售收入，忽视客户质量，产生大量应收账款，在疫情期间以及疫情后的经济下行中，产生了大量坏账，严重拖累财务数据和盈利能力。

(2) 上市后盲目扩张，没有及时调整募投项目，导致固定资产规模迅速扩大(有公司用3亿元现金建设了豪华办公楼和厂房)，而资产规模扩大后的销售规模没有相应提高，导致公司陷入现金流困境。

(3) 上市后新募投项目选择不当，产业饱和，没有达到预期，投资项目失败,大伤公司元气。

(4)没有及时调整产品和业务结构,新业务的盈利持续被原盈利能力不高、管理成本过高的业务拖累,总体盈利没有达到预期。

(5)在原有业务和产品、产业到达高峰的时候没有持续推出新业务和新产品,公司没有实现第二次增长,持续增长乏力。

(6)业务结构不合理,过分依赖大客户或某行业(如房地产),在本轮经济下行中受拖累等。

2.法人治理和管理层面

(1)公司没有建立起现代企业制度和分权、制衡的决策机制,没有股权激励机制,最重要的是没有纠错机制,上市后不管大事小事仍然是老板一个人说了算,管理团队没有积极性和创造力,决策过程中出现的错误无法在执行流程中被发现和纠正。

(2)管理团队产生大的流失,新老管理团队产生冲突,导致原研发/销售等团队整体离职到竞争对手处或者自己带走客户创业,给公司业务带来巨大不利影响。

(3)不重视法人治理架构搭建和内控制度建设,产生了管理上的“大企业病”,人浮于事,管理效率不高,大大降低了业务盈利能力。

(4)重大事项决策错误,持续扩张和对外收购,加大贷款规模,资产负债率畸高,在扩张和收购没有达到预期的情况下,高额财务费用影响了公司盈利能力。

(5)对外收购决策错误,标的选择不当、估值过高、收购失败,巨额商誉减值导致巨额亏损等。

3. 资本市场规则方面

(1)无视资本市场规则，主要股东和核心管理层成员不学习、不尊重规则，因屡屡产生证券市场违规行为而被罚下场，如大股东占用上市公司资金、财务造假、内幕交易、信息披露违法、做市值等。

(2)啥也不做，沦为"资本市场的僵尸企业"，公司付出了持续信息披露和规范经营的高成本，却没有获得资本市场的利益，最终在激烈的竞争中败下阵来等。

(3)收购失败，标的公司选择不当，或者估值不当，或者高额对赌和回购产生系列诉讼，或者并购后双方融合不当，对于上市公司来说，不仅没有达到收购预期，还可能导致自己受到处罚或者元气大伤。

4. 股东层面

(1)股东为争夺公司控制权发生争议，持续诉讼使公司陷入泥潭。

(2)一致行动人之间产生信任关系危机，一致行动人机制发生变动，导致业务和管理动荡。

(3)大股东在限售期内质押大量股票贷款融资，股票价格下跌爆仓或者大股东业务危机导致破产/重整，公司股权拍卖、控股权变更导致公司经营管理动荡。

(4)上市后股东关系处理不当，陷入诉讼或公司僵局等。

5. 其他

(1)危机公关失败，突发事件处理不当。

(2)对外提供担保，受被担保方破产拖累，进入重整等。

第六章

资本市场：助力企业可持续发展的平台

CHAPTER 6

鉴于资本市场的重要性，在此设专章与股东们交流。如前所述，资本市场对于公司业务、经营和管理能力、现代企业制度和法人治理水平，以及股东和管理团队驾驭资本市场的能力有极高的要求，一方面，如果公司条件不具备，应当暂缓启动资本市场战略；另一方面，如果公司具备条件，及时登陆资本市场确实可以助力公司的发展。

（一）正确认识资本市场

1. 资本市场与产品市场的差异

资本市场也称证券市场，资本市场交易品种包括股票、债券、优先股、期权、基金及其他具有金融属性的金融衍生品种。股票和债券是当前国内证券市场主要的交易品种，所以本书中我们以股票市场为代表来论述资本市场。产品市场的基本特征是一个买方对应一个卖方的双方合同行为，如采购、销售、委托生产、共同研发等行为。

简单来说，资本市场和产品市场的主要差异如下：

（1）交易标的差异。产品市场的交易标的一般是有形的物，如公司机器设备、房地产、专利；或者服务，如我们中介机构为公司提供的财务、法律、咨询、房地产中介等服务。产品市场交易的物的价值主要由产品或服务自身的使用价值决定，当然也受供求关系的影响。而证券市场交易的交易标的，如股票、债券是权利凭证，此前有纸质的形态，现在信息化时代都是电子凭证了。证券市场交易的品种的价值不仅受自身价值影响，供求关系以及外部政治、法律等大环境对其影响也很大，且这些产品具有金融属性，可以用于投资，风险大，收益具有不确定性，可能归零。

（2）交易主体差异。产品市场的交易主体是一对一，在询价和商务谈判过程中一个卖方可以对多个买方，一个买方也可以对多个卖方，按照要约—承诺的方式建立合同，一旦合同建立起来，基本就是买卖双方一对一的对应关系。资本市场则是多对多，多个买方/卖方同时对应多个卖方/买方，买卖双方同时下单，系统自动撮合交易。

（3）成交规则差异。产品市场的成交过程是双方商务谈判，至少要见面，双方进行业务、技术的交流和尽调等，交易方式包括买卖、共同研发、共同设立公司等。任何交易的成交方式都必须双方同意，除少数金额小、即时履行的协议外，其他都要签署书面协议。证券市场的成交规则则是按照价格优先、时间优先，系统自动撮合成交，也不需要签署书面协议，买卖双方则既不需要见面，也不需要认识，瞬间即可完成交易。

综合上述分析，我们可以很清晰地得出这样的结论：资本市场是产品市场发展高阶段的产物，对于市场经济来说，先有产品市场后有资本市场。我们需要通过产品市场来建立法律和规则，并使市场经济主体能够自觉尊重、理解、熟悉规则，市场经济主体先把“一对一”的简单产品市场交易做熟练了，才敢尝试“多对多”的复杂资本市场交易。所以，资本市场的建立需要以成熟、发达、完善的产品市场为条件，缺乏这个条件，资本市场很难走得通。

通常来说，成熟的产品市场通常需要具备以下几个基本条件（AI 提供的答案）：

（1）完善的法律体系：市场经济的有效运行需要法律体系的支持，包括公司法、合同法、反垄断法、知识产权保护法等，以确保市场参与者的权益得到保护，市场秩序得以维护。

（2）开放的市场准入：市场准入的开放性意味着各种所有制经济主体能够平等参与市场竞争，没有不合理的限制和壁垒。

（3）有效的市场竞争：市场竞争能够促进资源的有效分配和创新，需要防止垄断和不正当竞争行为，保证市场的公平性。

（4）透明的市场规则：市场规则的透明度对于所有参与者来说都是至关重要的，这包括价格机制、交易规则、信息披露等。

（5）健全的监管体系：政府需要通过有效的监管来纠正市场失灵，保护消费者权益，维护市场秩序，同时避免过度干预。

（6）稳定的宏观经济环境：包括稳定的货币政策、财政政策和汇率政策，以及低通胀、低失业率和可持续的经济增长。

（7）良好的基础设施：包括交通、通信、能源供应等，这些都是市场经济运行的物质基础。

（8）灵活的劳动力市场：劳动力能够自由流动，工资水平由市场供求关系决定，以适应经济变化和企业需求。

（9）完善的社会分工：社会分工是商品和服务交换的基础，分工的细致程度决定了一个国家文明的程度。

对照一下我们自己，除上述第一个条件，即建立一个相对完善的法律体系的工作我们基本完成外，其他方面还有待完善。所以，相较于世界上其他国家资本市场发展的历程，我们当前的资本市场建立的基础还较为薄弱，这对资本市场各方主体都是挑战。

(1)西方市场经济和法律制度形成于罗马共和国时期(公元前509 ~公元前27年，在这一时期，罗马废除了君主制，建立了共和国)，罗马共和国积累了几千年丰富的商业、贸易以及跨国贸易、海上贸易实践经验，并以此为基础形成了完善的法律体系(包括法律编纂和《民法大全》的编纂)，确定了一些重要的法律原则(如私有财产的保护、契约自由、法律面前人人平等等，这些原则对后世的法律体系产生了深远的影响)。当前无论是大陆法系国家还是英美法系国家，法律的渊源都来自罗马。鲁道夫·冯·耶林说过，罗马帝国曾经三次征服世界，第一次以武力，第二次以宗教，第三次以法律。武力因罗马帝国的灭亡而消失，宗教随着人民思想觉悟的提高、科学的发展而缩小了影响，唯有法律对世界的征服是最为持久的。

以罗马法律体系为基础，法国资产阶级大革命后，拿破仑执政时期颁发的法国《民法典》、法国《刑法典》以及法国《民事诉讼法典》、法国《刑事诉讼法典》、法国《商法典》等系列法律奠定了近代法律体系的基础。

(2)西方公司的成立及公司法的实践也有四五百年的时间：一般认为1602年成立的荷兰东印度公司是世界上第一家公开募集设立的股份有限公司，以公开募集股份和交易为基础的阿姆斯特丹证券交易所则于1609年成立。这和我们20世纪80年代末90年代初进行国有企业改革,1994 年 7 月 1 日《公司法》实施也有 400 多年的距离。我们的证券市场与产品市场和市场经济改革同步实行,1990 年 11 月、12 月分别设立了上海证券交易所和深圳证券交易所。这样的基础,不仅对于商事主体,还是我们的证券监管部门以及证券市场专业人士,都是个莫大的挑战。

(3)信息化、电子化和 AI 的开发和使用是我们面临的第三个挑战。这样的外部环境下,我们一方面要制定规则,使之符合资本市场基本规律和国内实际情况;另一方面要学习规则、遵守规则,因为没有若干年商业文明的实践使这种学习和遵守规则的行为并不容易。

2. 资本市场基本规则和要求,以美国《1934 年证券交易法》为例

在一对一的产品/服务交易双方(哪怕是确定的多方,如拍卖)可以更充分地进行线上/线下商务谈判和交流的产品市场中,交易失败损害的只能是具体交易当事人的利益,是可控的。而资本市场的规则需同时满足不特定的多对多的交易安全和效率需求,一旦出现制度缺陷,就会产生严重的法律后果,损害不特定的多数人(股东/债券持有人)的利益,所以资本市场的基本规则必须公开、公平、公正,且以高度信用为基础。否则,这个市场便无法进行下去。

国外资本市场经过多年实践,也在不断修改和完善资本市场规则,下文以美国为例。

美国《1934 年证券交易法》(Securities Exchange Act of 1934)的颁布是响应 1929 年股市崩盘后公众对证券市场改革的需求而出台的,它与美国《1933 年证券法》(Securities Act of 1933)共同构成了美国证券法律的基础,

确保了市场的公平性和透明度，保护了投资者的利益，并为证券市场的健康运作提供了坚实的法律框架。美国《1934 年证券交易法》的主要内容包括以下几个方面。

(1)监管机构的建立：该法建立了美国证券交易委员会(Securities and Exchange Commission，SEC)，作为联邦层面的主要证券监管机构，负责监督和执行联邦证券法律。

(2)信息披露要求：该法要求上市公司定期向 SEC 提交财务报告和其他重要信息，以确保投资者能够获取作出明智投资决策所需的信息。

(3)禁止欺诈和操纵行为：该法明确禁止了包括内幕交易、市场操纵和欺诈性交易行为在内的多种不公平和不合法的市场行为。

(4)证券交易所和经纪人的注册：该法要求所有的全国性证券交易所、证券经纪人和交易商进行注册，并接受 SEC 的监管。

(5)自我监管组织：该法允许和鼓励成立自我监管组织，如美国金融业监管局(FINRA)，以协助监管和执行行业标准。

(6)投资者保护：该法提供了多种机制和程序，以保护投资者免受不公平交易行为的影响，包括民事处罚和刑事追责。

3. 国内多层次资本市场及主要规则

(1)国内多层次资本市场架构

经过 30 多年的发展，国内目前已经形成了沪市(主板和科创板)、深市(主板和创业板)、北交所三大证券交易所以及新三板(全国性证券交易场所)的立体架构。新三板基础层的企业可以申请进入创新层，新三板挂牌公司可以申请进入沪市/深市/北交所，沪市/深市/北交所退市公司需进入新三板退市公司板块(见图6－1)。从制度上讲,除新三板实行存量股票上市外,其他三个证券交易所可以首次公开发行股票募集资金并上市。

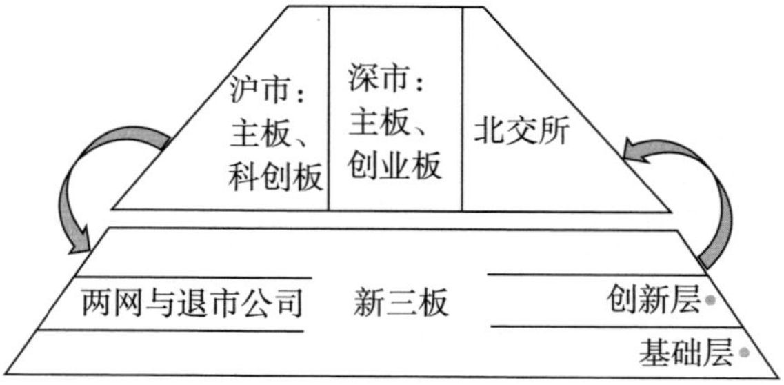

图6－1　多层次资本市场

定位差异:主板侧重于大规模和大体量,创业板侧重于高成长性的创业企业,科创板侧重于科创属性,北交所侧重于中小企业。

(2)IPO注册制:从证券交易所审核(会员审核)到中国证监会注册制(行政许可)

国内资本市场从无到有,在30多年的时间里经历了艰难的探索(见图6－2),完成了从行政审批制到全面注册制的市场化改革,注册制的核心特征是公司股票是否可以上市、如何确定股票发行的价格、如何确定公司的价值、这些问题均由市场和投资者决定,而不是由行政机关决定。当然,对于我们来说,注册制改革任重而道远不是一句空话。

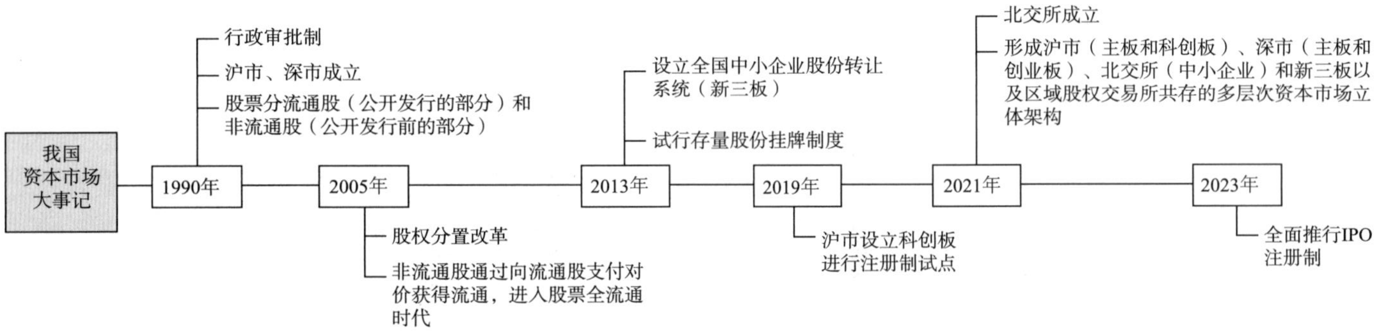

图 6－2　我国资本市场大事记

(3) IPO 审核注册程序

如图 6－3 所示，参见中国证监会 2023 年 2 月 17 日发布的《首次公开发行股票注册管理办法》的规定。

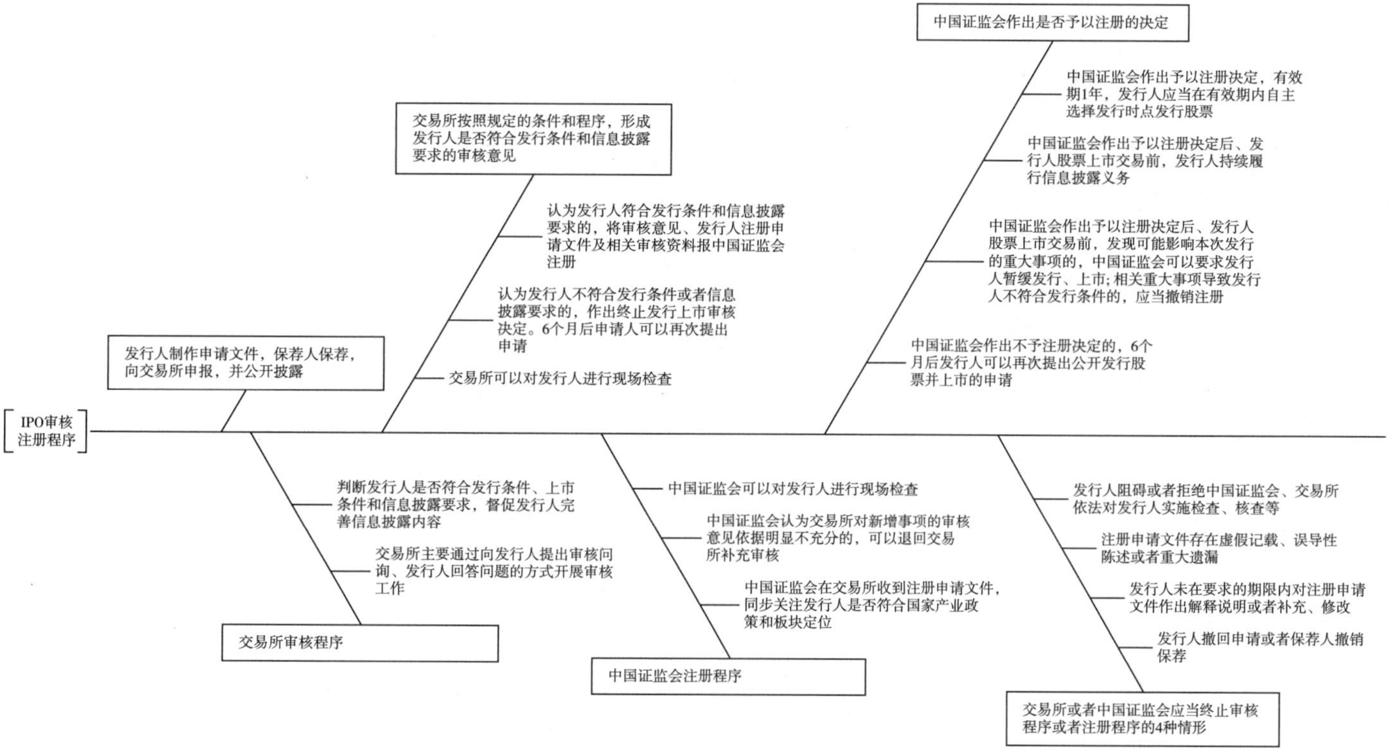

图 6－3　我国 IPO 审核注册程序

(4)普通投资者与合格投资者:三大股票交易所的主要差异

在统一的《证券法》和中国证监会规定的部门规章的基础上,三大股票交易所的股票上市规则和交易规则有些许差异,这些差异的核心是投资者身份:北交所对投资者身份有要求,符合条件的投资者才可以进入北交所进行股票买卖活动,而上交所主板和深交所创业板均没有这个要求,包括自然人和法人以及其他组织等普通投资者均可以开户参与交易,科创板对投资者有准入要求,条件同北交所。投资者身份差异导致了三大股票交易所的主要制度差异。

从法律角度讲,参与证券市场股票交易的投资者的身份、条件跟公司关系不大,所以,每当有公司问及这个问题的时候,笔者通常建议公司/股东不必过分在意这个条件。因为在新三板和北交所挂牌条件低,公司规模和市值不大,比较而言投资者的投资风险要大一些,所以就维护交易秩序、保护投资者利益角度而言,提高投资者门槛是一种负责任的态度;对参与科创板交易的投资者有门槛要求的逻辑也是一样的,即科创板公司挂牌条件高,公司规模大,市值也大,所以风险也大。

从市场角度讲,相对于散户,机构投资者可以更理性,所以,如果公司确实有价值,那么选择到对投资者有门槛要求的新三板、北交所和科创板上市,对发行人是有利的。

图6-4、图6-5分别列示了新三板和北交所/科创板对投资者的准入要求。

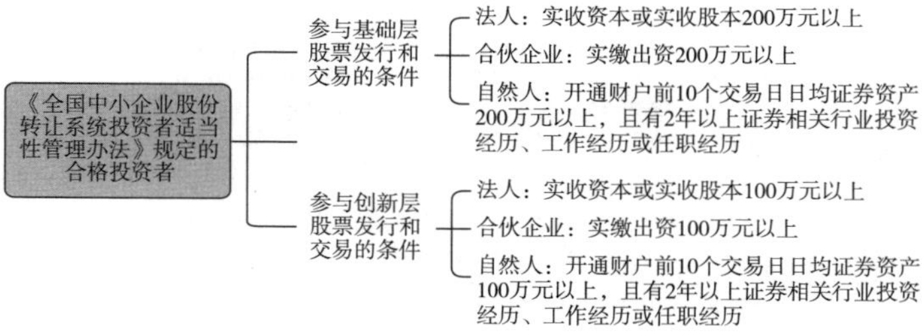

图 6－4　新三板规定的合格投资者条件

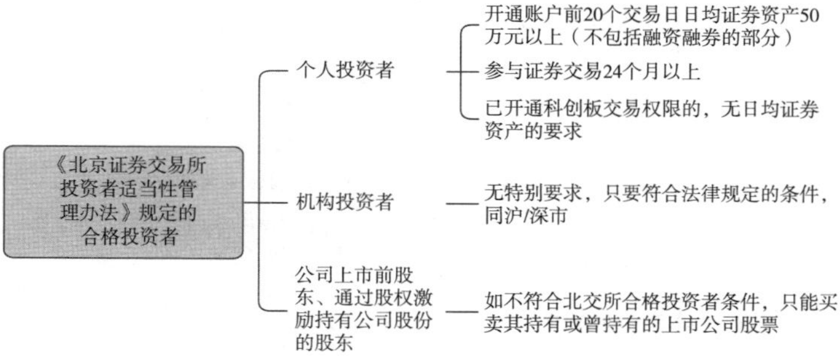

图 6－5　北交所规定的合格投资者条件

注：科创板个人投资者和机构投资者的条件同北交所。

（5）资本市场法律、规则框架体系

与多层次资本市场架构对应的资本市场法律规则体系包括如下三个层级：第一层级是《证券法》以及最高人民法院发布的与证券民事诉讼有关的司法解释；第二层级是国务院和中国证监会颁布的行政法规/部门规章；第三层级是各大证券交易所自行制定的股票和债券发行和上市交易规则。

①《证券法》搭建的法律框架。

《证券法》于 1998 年 12 月 29 日通过，1999 年 7 月 1 日施行，期间经过多次修改，现行版本是 2019 年 12 月 28 日修订，2020 年 3 月 1 日施行的，共 14 章 226 条。

《证券法》主要内容如图 6－6 所示。

- 《证券法》架构与主要内容
  - 总则
    - 立法目的：规范证券发行和交易行为，保护投资者的合法权益，维护社会经济秩序和社会公共利益，促进社会主义市场经济的发展
    - 适用范围：在中华人民共和国境内，股票、公司债券、存托凭证、政府债券、证券投资基金份额的上市交易和国务院依法认定的其他证券的发行和交易
    - 证券发行和交易活动的原则
      - 公开、公平、公正
      - 当事人需遵循自愿、有偿、诚实信用的原则
      - 依法交易，禁止欺诈、内幕交易、操纵市场的行为
  - 证券发行
    - 需履行报中国证监会或国务院授权的部门进行注册的程序
    - 属于公开发行的情形
      - 向不特定对象发行证券
      - 向特定对象发行证券累计超过200人（实施员工持股计划的人数不计算在内）等
    - 首次公开发行（IPO）的条件
      - 具备健全且运行良好的组织机构
      - 具有持续经营能力
      - 最近3年财务会计报告被出具无保留意见审计报告
      - 发行人及其控股股东、实际控制人最近3年不存在贪污、贿赂、侵占财产、挪用财产或者破坏社会主义市场经济秩序的刑事犯罪
    - 公开发行债券的条件
      - 具备健全且运行良好的组织机构
      - 最近3年可分配利润足以支付公司债券1年的利息等
  - 证券交易
    - 公开发行的证券，应当在依法设立的证券交易所或国务院批准的其他全国性证券交易场所交易，发行人需向交易所提出申请，并经交易所审核，交易所对交易的证券进行监督管理，可以决定终止上市
    - 遵守法定的交易限制
      - 如持股5%以上的股东、实际控制人、董监高、证券服务机构人员等
      - 国有独资企业、国有独资公司和国有资本控股公司买卖股票的特别规定
    - 禁止的交易行为：内幕交易、操纵证券市场等行为
  - 上市公司收购
    - 投资者可以采取要约收购、协议收购及其他合法方式收购上市公司
    - 要约收购的条件、程序，收购人的义务与责任
  - 信息披露
    - 信息披露的基本原则：真实、准确、完整，简明清晰，通俗易懂，不得有虚假记载、误导性陈述或者重大误解
    - 信息披露义务人：上市公司、公司债券上市交易的公司、股票在国务院批准的其他全国性证券交易场所交易的公司，公司控股股东或实际控制人
    - 信息披露事项：定期报告（年报和半年报）和临时报告
  - 投资者保护
    - 投资者分普通投资者和专业投资者，证券公司对普通投资者承担更高义务
    - 上市公司董事会、独立董事、持股1%以上有表决权股份的股东，或者中国证监会设置的投资者保护机构可以作为征集人，自行或委托证券公司、证券服务机构，公开请求上市公司股东委托其代为出席股东大会，并代为行使表决权、提案权等股东权利
    - 公开发行债券的，应当设立债券持有人会议，并为债券持有人聘请受托管理人，维护债券持有人权益
    - 投资人提起虚假陈述等证券民事赔偿诉讼时，可以通过集团诉讼，并适用“默示同意”规则
  - 证券市场参与方
    - 证券交易所：会员制、自律组织，制定上市规则、交易规则、会员管理等业务规则，对违反业务规则的有权给予纪律处分或者其他自律监管措施
    - 证券公司：可以从事经纪、咨询、财务顾问、证券承销与保荐、做市交易等业务
    - 证券登记结算公司：为证券交易提供集中登记、存管与结算服务，不以营利为目的的法人
    - 证券服务机构：律师事务所、会计师事务所以及从事证券投资咨询、资产评估、资信评级、财务顾问、信息技术系统服务的机构
    - 证券业协会：证券业的自律性组织，社团法人
    - 中国证监会：国家行政机关，其职责是对证券市场实行监督管理，维护证券市场公开、公平、公正，防范系统性风险，维护投资者合法权益，促进证券市场健康发展，有权制定部门规章，对证券市场各方参与者的违法行为作出行政处罚
  - 法律责任
    - 证券市场各参与方违反证券法规定需承担的民事责任、行政责任与刑事责任

图 6－6 《证券法》架构与主要内容

②证券交易所搭建的业务规则框架图，以北交所为例（见图6－7）。

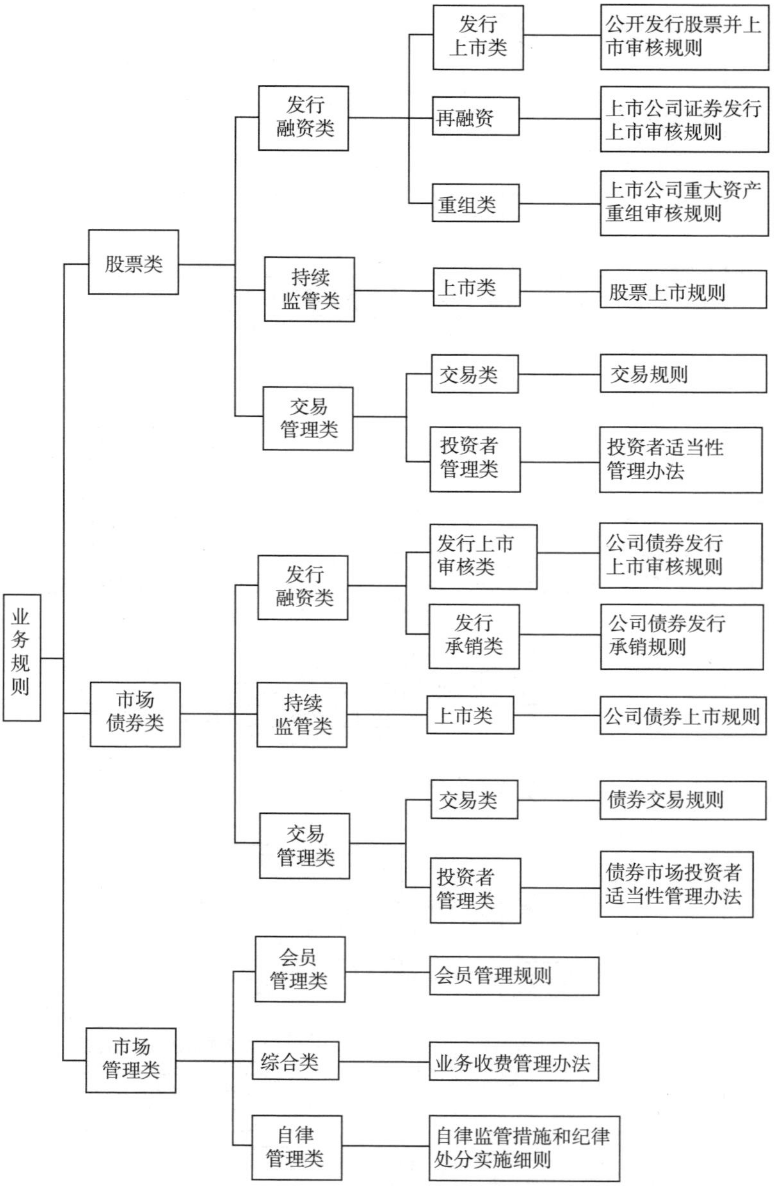

图6－7　北交所业务规则

③证券交易所搭建的业务规则框架图，以新三板为例（见图6－8）。

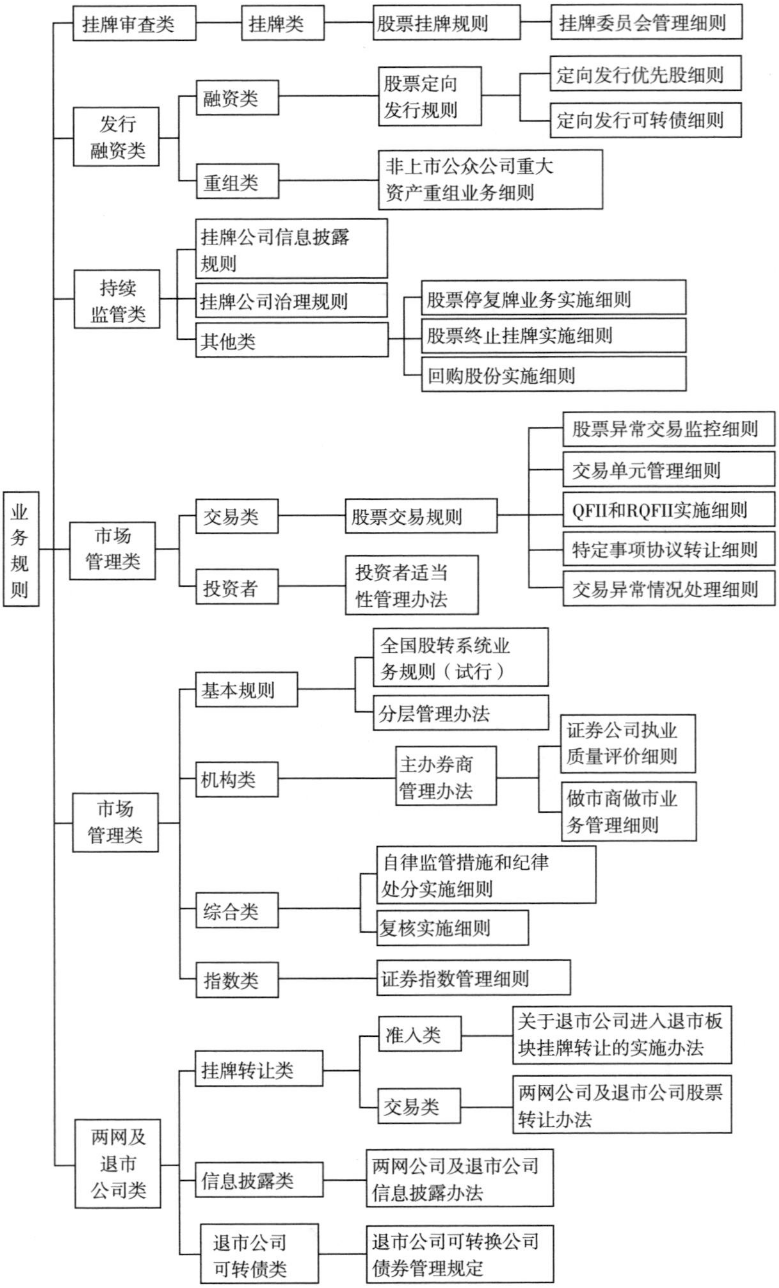

图6－8　新三板业务规则

(6)信息披露:资本市场制度架构的核心和基础

从民法买卖合同法律关系的基础来看,资本市场交易的标的是公司股票,与其他买卖标的如房屋及其设备相比,在信息化和电子化交易时代,股票既是资产,也是权利凭证;既是有形的、可见的,也是无形的、看不见的;股票的价值是不确定的,更是变动的,最低可以是零。

公司首次公开发行股票时是卖方,负有品质担保的义务;首次公开发行股票上市后,持有公司股票的股东是卖方,股东负有品质担保的义务,公司负有持续品质担保的义务。

为维护资本市场的秩序、效率和公平,资本市场制度架构设计既要坚持"买者自负",也要"卖方尽责",维护二者之间的平衡。相对于一对一的产品交易市场对"卖方尽责"的要求,资本市场的"卖方尽责"要求要更高一些。严格的信息披露义务便是这个高要求的首要体现。

公司制作的首次公开发行股票的招股说明书以及公司委托律师、会计师和保荐机构出具的法律意见书、审计报告、保荐意见共同构成资本市场交易标的(股票)的初始产品说明书,这是公司需履行的信息披露义务;公司股票上市后公司持续披露的定期报告和临时报告,以及股东需披露的事项,共同构成资产市场交易标的(股票)的持续产品说明书,这是公司和股东需履行的信息披露义务。为保证严格履行上述两个阶段公司及/或股东的信息披露义务,注册制实施后,这个信息披露义务的时间大大提前至公司首次向证券交易所提交申请阶段。

(7)更高的法人治理要求:上市公司持续对股票承担品质担保义务的保障

诚然,证券市场上的买方是基于未来盈利预期进入资本市场进行交易的，或者长期持有股票获得公司的持续分红，或者通过低买高卖获得短期收益。无论是何种情形，都是建立在公司能够持续成长、股票价值/价格持续增长的基本逻辑之上的，所以卖方的品质担保义务持续存在。而维护这种持续品质担保义务的制度保障便是公司严格的法人治理制度建设。这就要回答以下问题：在多数股东不参与公司生产经营和管理活动、公司所有权与经营权分离的情况下，如何聘用一支忠实和勤勉尽责的董事高管队伍？如何建立科学有效的分权制衡制度？如何科学有效地对董事高管进行授权/激励和约束？如何确保法人治理决策—执行—制约—监督功能的有效实现？如何在遵循人性和市场经济规律的情况下实现公司业绩和价值的持续增长？

一句话：高度的信用、充分的市场化和完善的法治化是证券市场健康发展的基石。

①摘录《上海证券交易所股票上市规则》(2025 年 4 月修订) 中关于上市公司治理的一般规定。

> 4.1.1 上市公司应当建立健全有效的治理结构，建立完善独立董事制度，形成科学有效的职责分工和制衡机制，强化内部和外部监督制衡，保证内部控制制度的完整性、合理性及有效性。
>
> 公司应当确保股东会、董事会、监事会等机构合法运作和科学决策，明确股东、董事、监事和高级管理人员的权利和义务，保障股东充分行使其合法权利，尊重利益相关者的基本权益，保证公司经营管理合法合规、资金资产安全、信息披露真实、准确、完整，切实防范财务造假、资金占用、违规担保等违法违规行为，维

护公司及股东的合法权益。

4.1.2　上市公司董事会及其专门委员会、其他内部机构应当独立运作，独立行使决策权、经营管理权，不得与控股股东、实际控制人及其关联人存在机构混同等影响公司独立经营的情形，保证人员、资产、财务分开，保证机构、业务独立。

4.1.3　上市公司与董事、监事、高级管理人员、控股股东、实际控制人及其他关联人发生资金往来、担保等，应当遵守法律法规、本所相关规定和公司章程，不得损害公司利益。

因关联人占用或者转移公司资金、资产或者其他资源而给公司造成损失或者可能造成损失的，董事会应当及时采取诉讼、财产保全等措施避免或者减少损失，并追究有关人员的责任。

关联人强令、指使或者要求公司违规提供资金或者担保的，公司及其董事、监事和高级管理人员应当拒绝，不得协助、配合、默许。

4.1.4　上市公司应当积极践行可持续发展理念，主动承担社会责任，维护社会公共利益，重视生态环境保护。

公司应当按规定编制和披露社会责任报告、可持续发展报告等文件。出现违背社会责任等重大事项时，公司应当充分评估潜在影响并及时披露，说明原因和解决方案。

4.1.5　上市公司应当重视和加强投资者关系管理工作，为投资者关系管理工作设置必要的信息交流渠道，建立与投资者之间良好的沟通机制和平台，增进投资者对公司的了解。

公司投资者关系管理工作应当遵循公开、公平、公正原则，真实、准确、完整地介绍和反映公司的实际状况。公司应当避免在投资者关系活动中出现发布或者泄露未公开重大信息、过度宣传误导投资者决策、对公司股票及其衍生品种价格作出预期或者承诺等违反信息披露规则或者涉嫌操纵股票及其衍生品种价格的行为。

公司董事会应当负责制定投资者关系管理工作制度，并指定董事会秘书负责投资者关系管理工作。

4.1.6　因上市公司欺诈发行、虚假陈述等信息披露违法违规行为导致证券群体纠纷的，公司应当积极通过证券纠纷多元化解机制等方式及时化解纠纷，降低投资者维权成本。

②上市公司的特别义务见图6－9。

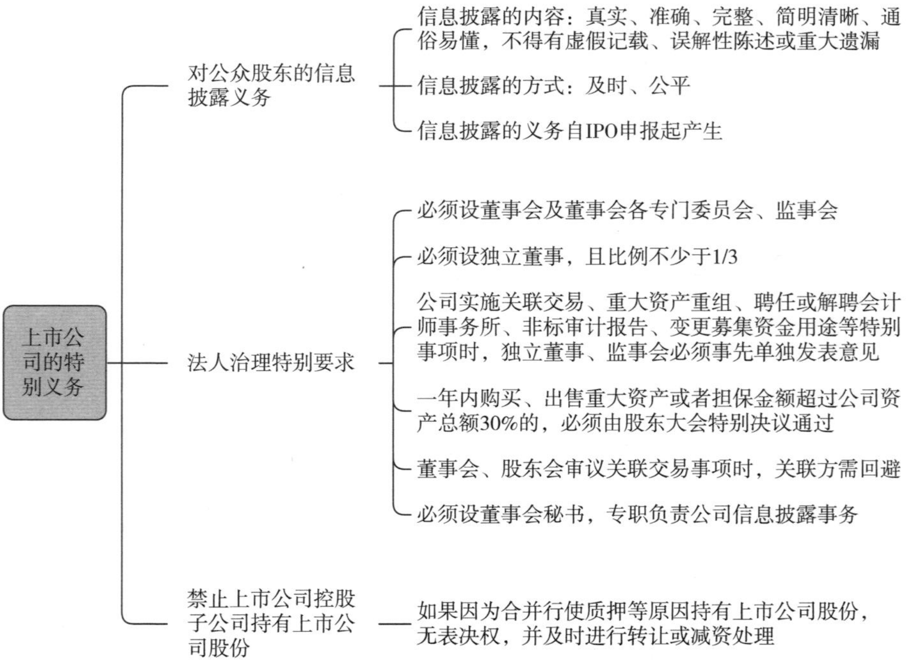

图6－9　上市公司的特别义务

③上市公司股东的特别义务见图 6－10。

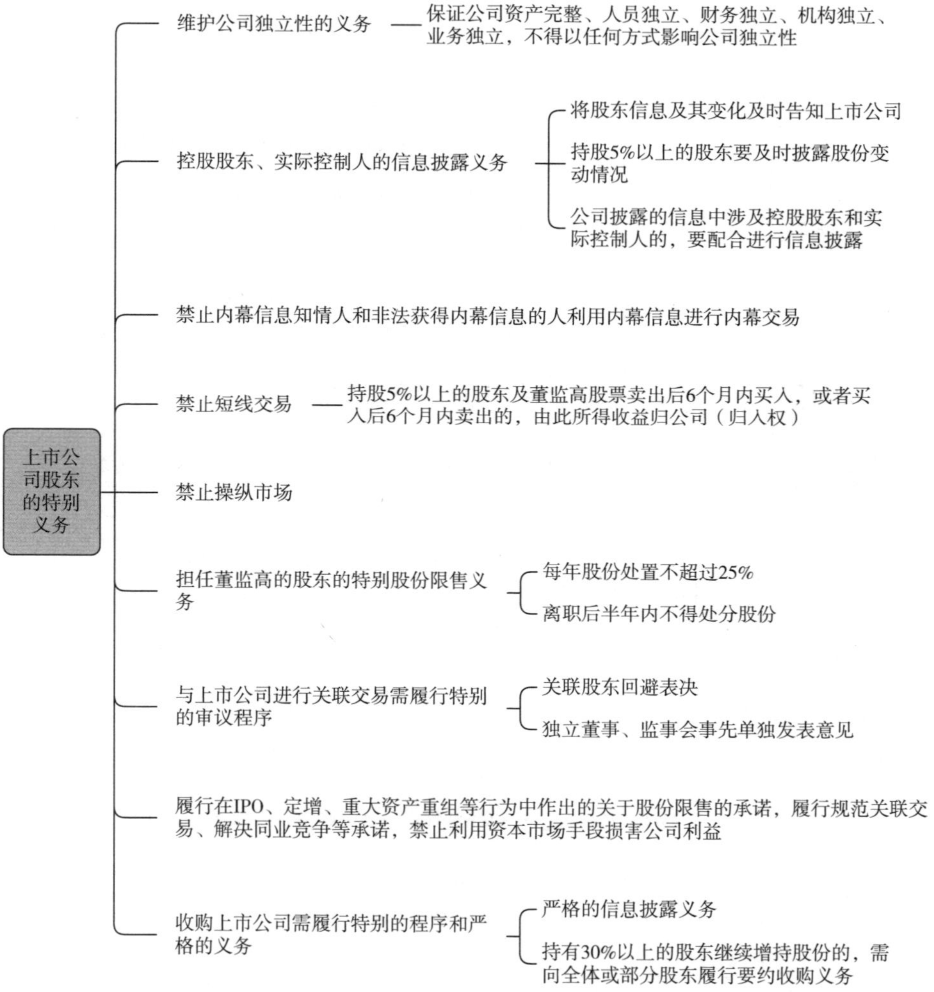

图 6－10　上市公司股东的特别义务

④上市公司董监高的特别义务见图6－11。

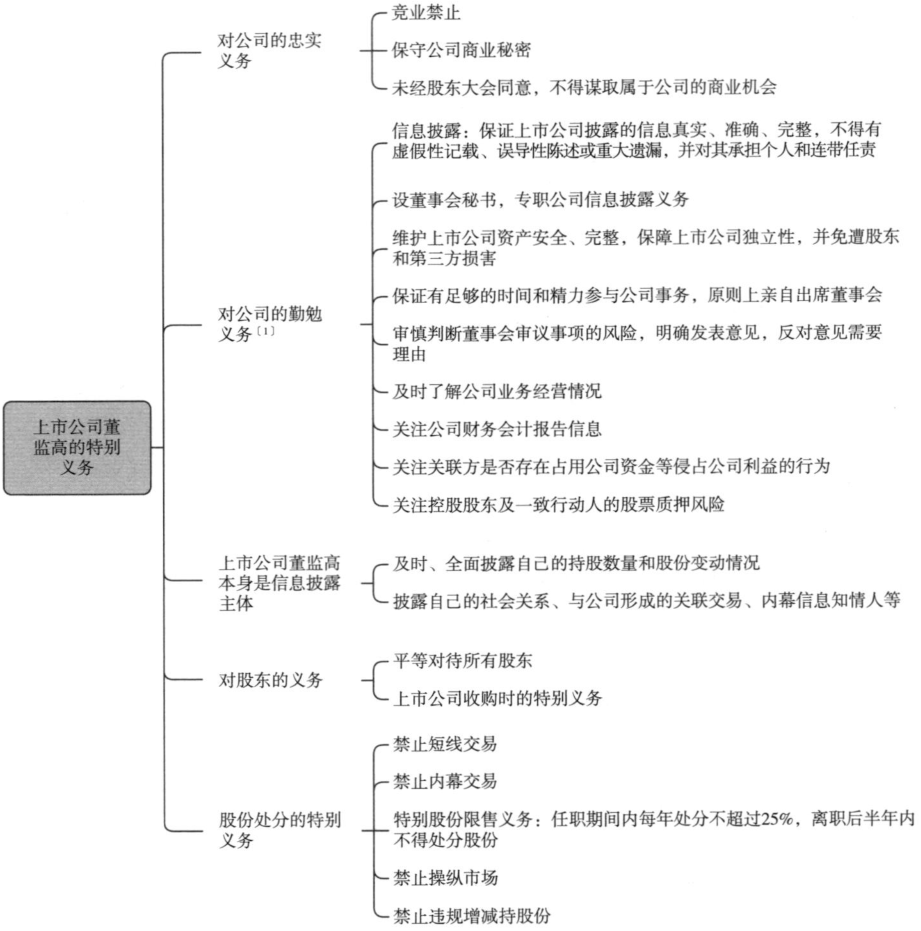

〔1〕对上市公司的忠实和勤勉义务详见交易所股票上市规则。

图6－11　上市公司董监高的特别义务

4. 国内IPO基本要求

无数公司成功或失败的资本市场案例，以及时常调整的IPO审核政策，经常让我们的企业和股东产生困惑：资本市场到底需要什么样的企业？

其实，在我们看来，虽然形式上我们的IPO、再融资和并购审核政策经常有所调整，但是其核心条件和要求变化不大。一句话：资本市场青睐的企业要在合法合规的基础上，具备一定规模，在业内业务、技术、市场、财务或管理等方面有核心竞争力，能够实现高于同行业的盈利；同时具备健全有效的法人治理架构和现代企业制度，能够为公司持续实现盈利、为股东和各方创造价值提供制度上的支撑。

中国证监会颁布的《首次公开发行股票注册管理办法》（2023 年 2 月 17 日起施行）规定公司首次公开发行股票应当符合的条件见图 6－12。沪市主板、深市创业板、沪市科创板、北交所规定的具体上市条件见附录。

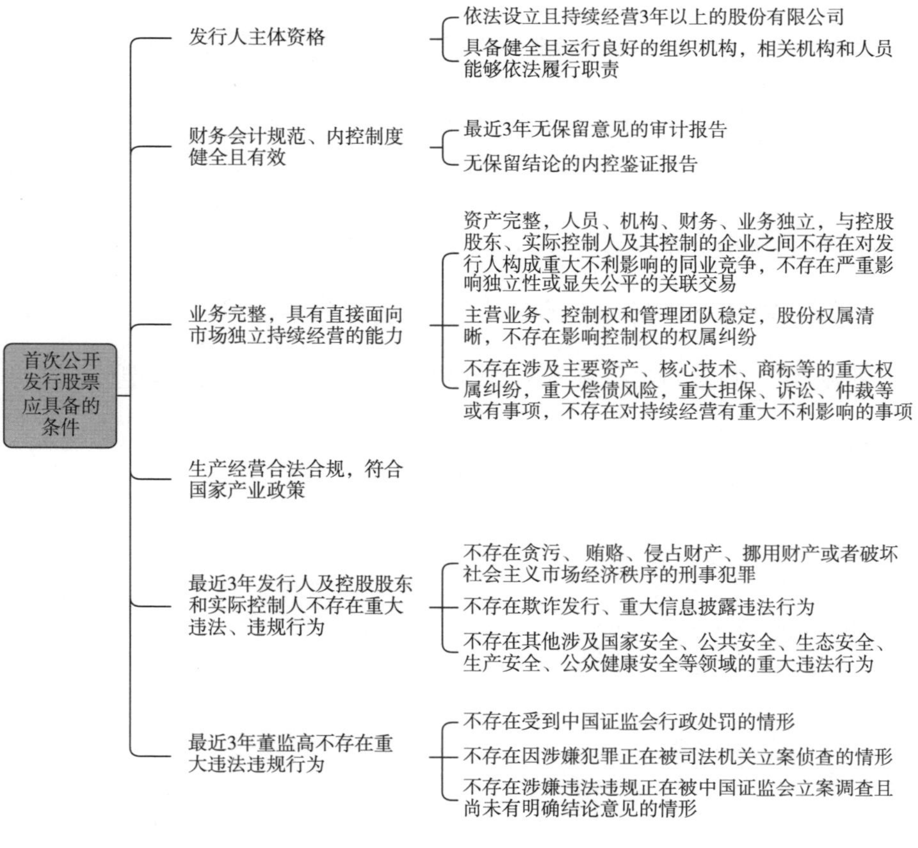

图 6－12　中国证监会规定的首次公开发行股票应当具备的条件

5. IPO 审核过程中关注的主要法律问题

作为提供资本市场法律服务的律师事务所，康达证券部在 2017 年与全球知名法律出版机构律商联讯（Lexis Nexies）合作对 2014 ~ 2016 年中国证监会审核的 160 个 IPO 项目进行了法律分析，并于 2018 年出版了由 24 位合伙人和律师共同参与书写的集体作品《IPO 精选案例法律分析与操作指引》。我们结合案例，对 IPO 审核过程中中国证监会和各证券交易所关注的法律问题进行了详尽分析。

这些法律问题包括 9 个一级目录：（1）公司设立与历史沿革；（2）发起人、股东和实际控制人；（3）关联交易、同业竞争与公司独立性；（4）业务与经营；（5）主要资产；（6）规范运作与公司治理；（7）董事、监事与高级管理人员；（8）税务；（9）诉讼、仲裁与行政处罚。摘录其中第一、第二个法律问题的二级目录供大家参考（见图 6 – 13、图 6 – 14）。

虽然国内资本市场如今施行了注册制，但由于法律问题是定性分析的，所以，资本市场对这些法律实质问题的关注不变。大家有兴趣，可以找来阅读。

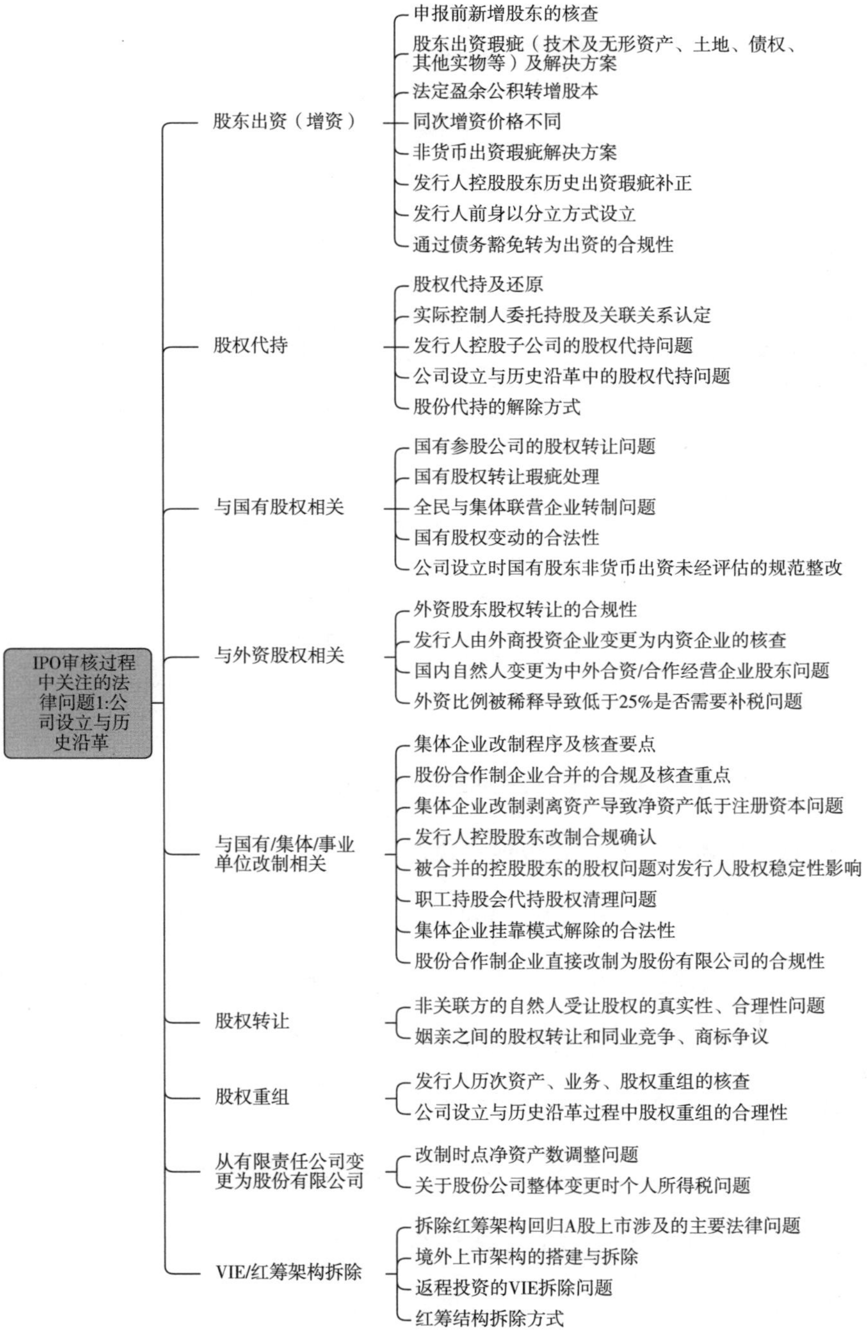

图 6－13　IPO 审核过程中关注的法律问题 1：公司设立与历史沿革

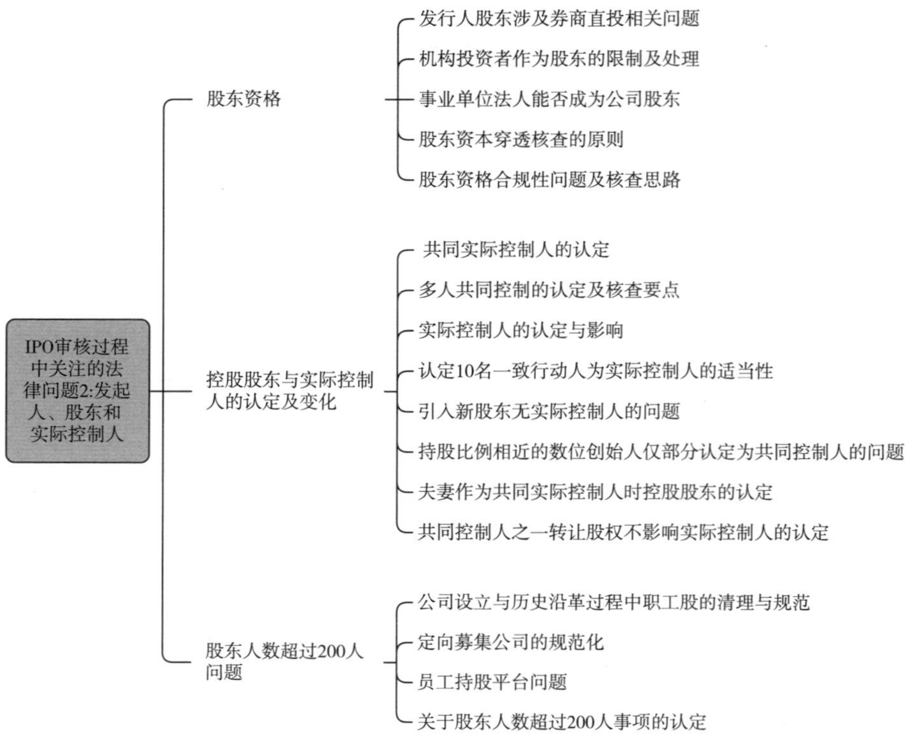

图 6－14　IPO 审核过程中关注的法律问题 2:发起人、股东和公司实际控制人

6. 违反资本市场法律和规则的罚则

如前所述,资本市场可能的高收益自然会激励那些“铤而走险的违法行为”,如财务造假、信息披露违法、内幕交易、操纵市场等,所以,为设立和维护资本市场的有效运营,上市公司、上市公司股东及上市公司董监高违反法定义务需要承担更严厉的法律后果。

从承担责任形式上看,除因违反《公司法》《证券法》需承担侵权的民事赔偿责任外,中国证监会及其派出机构可以作出罚款、警告、没收非法所得、通报批评、证券市场禁入等行政处罚,各证券交易所也可以作出通报批评,公开谴责,对认为不适合担当上市公司董监高的予以纪律处分和施行其他监管措施。构成犯罪的要承担刑事责任。

特别需要说明的是，上述涉及上市公司及其董监高的民事赔偿、行政处罚、自律监管措施、刑事责任承担等都属于上市公司应当披露的信息，上市公司需同步作出公告。正是信息披露使“好事传十里，坏事传万里”，在信息化的今天，上市公司违法、违规行为以及对公司、股东或董事高管(包括独立董事)的任何处罚结果瞬间传遍世界，有些还免不了被大家当作案例(反面教材)进行点评，从反面角度，为证券市场的健康发展作出了贡献。

(1)2024 年 5 月 21 日，因恒大集团信息披露违法(财务造假)行为，中国证监会对恒大集团作出 41.75 亿元罚款的行政处罚，对许家印作出 4700 万元罚款和证券市场终身禁入的行政处罚，对 5 名时任公司董监高作出金额从 20 万元到 900 万元不等的罚款和 8～10 年不等的证券市场禁入行政处罚。①

(2)根据新浪财经②发布的统计，2024 年作为资本市场强监管、防风险、促高质量发展之年，共有 159 家上市公司的公司主体或实际控制人、控股股东、高管被中国证监会、各地纪委监委、公安机关立案调查。被中国证监会调查的有 114 家上市公司，其中 4 家市值过千亿元，41 家上市公司高管被留置。前 10 个月，中国证监会查办上市公司财务造假相关案件 658 件，罚没款金额 110 亿元，超过 2023 年全年。

① 参见《中国证监会行政处罚决定书(恒大地产及其责任人员)》，载中国证券监督管理委员会官网 2024 年 5 月 21 日，http://www.csrc.gov.cn/csrc/c101928/c7484333/content.shtml。

② 参见《它们的 2024 丨四家千亿市值企业遭立案，年内共 159 家公司“触雷”》，载新浪财经网，https://finance.sina.com.cn/jjxw/2024-12-31/doc-ineciyir3669661.shtml。

(3)各证券交易所对违法的证券发行、交易行为可以作出通报批评、公开谴责、公开认定其不适合担任公司董监高等纪律处分和采取其他监管措施,摘录《上海证券交易所纪律处分和监管措施实施办法(2023 年 8 月修订)》部分内容如下:

第八条　本所纪律处分包括:

(一)通报批评,即在一定范围内、在符合中国证监会规定条件的媒体上或者通过其他公开方式对监管对象进行批评;

(二)公开谴责,即在符合中国证监会规定条件的媒体上或者通过其他公开方式对监管对象进行谴责;

(三)公开认定不适合担任证券发行人董事、监事、高级管理人员或者境外发行人信息披露境内代表,即在符合中国证监会规定条件的媒体上或者通过其他公开方式,认定相关人员 3 年以上不适合担任证券发行人董事、监事、高级管理人员或者境外发行人信息披露境内代表;

(四)建议法院更换证券发行人破产管理人或管理人成员,即对未勤勉尽责的证券发行人破产管理人或者管理人成员,建议有关人民法院予以更换;

(五)暂不接受发行人提交的发行上市申请文件,即在一定期间内不接受有关发行人提交的发行上市申请文件;

(六)暂不接受控股股东、实际控制人及其控制的其他发行人提交的发行上市申请文件,即在一定期间内不接受有关控股股东、实际控制人及其控制的其他发行人提交的发行上市申请文件；

……

（十四）收取惩罚性违约金，即对存在违规行为的证券发行人及相关市场参与主体、会员等，收取一定金额的违约金；

（十五）本所规定的其他纪律处分。

（4）集团诉讼：证券市场特有的民事诉讼制度。为保护投资者（公众股东）合法权益，中国证监会下设中小投资者服务中心（以下简称投服中心），作为专门的投资者保护机构。《证券法》规定，公司欺诈发行、虚假陈述或者其他重大违法行为给投资者造成损失，投资者提起虚假陈述等证券民事赔偿诉讼时，诉讼标的是同一种类，且当事人一方人数众多的，可以依法推选代表人进行诉讼，投服中心就可以作为特别代表人代表投资者提起诉讼。

审理集团诉讼时，法院可以发出公告，说明该诉讼请求的案件情况，通知投资者在一定期间向法院登记。法院作出的判决、裁定，对参加登记的投资者发生效力。特别需要说明的是，我国法律对证券民事赔偿集团诉讼规定了"默示加入，明示退出"的规则，即除非投资者明确表示不愿意参加该诉讼，否则视为其同意作为案件原告参加诉讼。

根据上述规定审理的第一案是康美药业证券虚假陈述案。因康美药业在股票发行和信息披露过程中财务造假侵犯投资者合法权益，投服中心代表55,326名投资者作为原告向康美药业及相关人提起民事侵权赔偿诉讼。2021年11月12日，法院判决康美药业、该公司实际控制人、该公司董事长、该公司总经理、部分中介机构及13名时任董事高管和独立董事向52,037名投资者支付总计 24.59 亿元的赔偿。该公司实际控制人和部分高管同时承担了行政责任和刑事责任。该公司也因重大证券违法行为进入了破产重整程序。

7. 股东需要了解的股票退市条件和程序：以北交所为例

退市制度是资本市场的基本制度，经过资本市场 30 多年时间的实践，监管机构不断完善退市规则，包括股票退市的条件和程序。2024 年 4 月 12 日，中国证监会发布《关于严格执行退市制度的意见》，各大证券交易所也基本形成了相对统一的股票退市规则，如退市的情形包括强制退市和主动退市，强制退市的情形又包括交易类强制退市、财务类强制退市、规范类强制退市和重大违法类强制退市四种情形。公司股票退市后都转入新三板退市板块进行交易。

在相对统一的退市规则基础上，主板、科创板、创业板和北交所上市条件因板块定位有所差异，相应退市条件也有差异。为阅读方便，我们整理了《北京证券交易所股票上市规则》（2025 年 4 月 25 日发布）规定的退市条件和退市流程（见图 6－15），同时附录部分摘录了《北京证券交易所股票上市规则》第十章的退市条款的具体规定供股东们了解。资本市场战略属于可能影响公司生死存亡的重大战略，作为股东，不仅需要知道资本市场进入条件，还要知道退出条件，有进有退，方可全面了解规则，作出正确决策。

《北京证券交易所股票上市规则》规定的股票退市条件和退市流程如下。以触发交易类强制退市条件为例，整理主板、创业板、科创板和北交所的差异见附录部分。

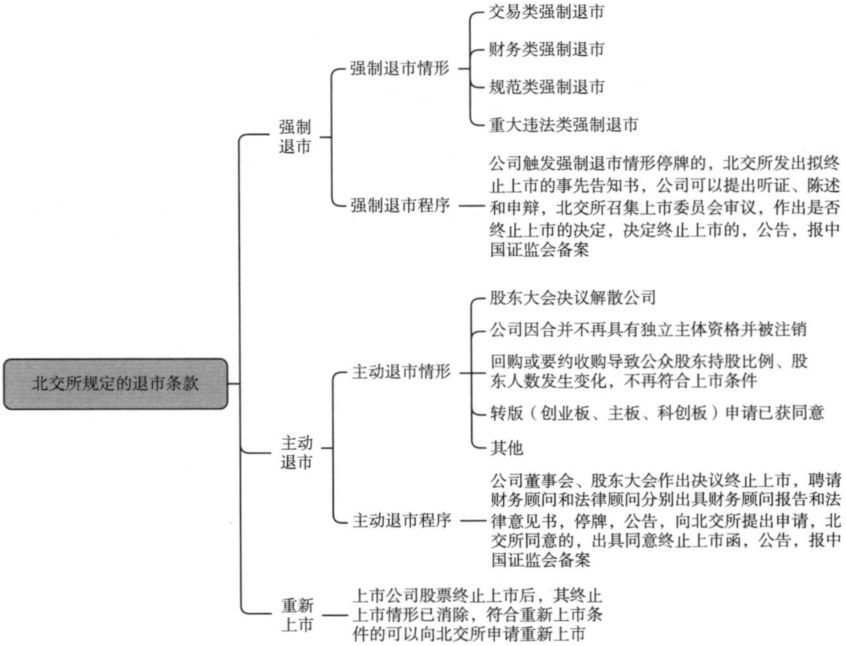

图 6－15　北交所规定的退市条款

注：1. 上市公司存在强制退市风险的，需在股票前冠以“＊ST”字样予以警示。
2. 北交所、沪市、深市上市公司退市摘牌后 45 个工作日到新三板退市板块，按照退市板块的交易规则挂牌转让。

（二）从私公司到公众公司是一场革命：以新三板为例

实践中我们发现，很多股东和老板看不上新三板，如公司在新三板不能直接融资，市盈率低，不能获得高估值等，总觉得创业板、主板、科创板高大上。我不赞成这个观点，理由如下：

1. 新三板挂牌条件简单，定位是中小企业，这对国内绝大多数中小企业来说是匹配的。这种匹配也可以视为婚姻上的“门当户对”，虽然门当户对的婚姻不一定都能成功白头偕老，但比起那些门不当、户不对的婚姻，成功的概率总是高的。这个大道理相信绝大多数国人能认可。

全国中小企业股份转让系统有限责任公司(以下简称全国股转公司)2023年2月17日发布并实施的《全国中小企业股份转让系统股票挂牌规则》规定的挂牌条件如下,与上述沪市、深市和北交所上市条件相比,是不是简单得多,条件低得多?这也是新三板推出后挂牌公司数量迅速增至上万户的原因。

第十条　申请挂牌公司应当是依法设立且合法存续的股份有限公司,股本总额不低于500万元(人民币,下同),并同时符合下列条件:

(一)股权明晰,股票发行和转让行为合法合规;

(二)公司治理健全,合法规范经营;

(三)业务明确,具有持续经营能力;

(四)主办券商推荐并持续督导;

(五)全国股转公司要求的其他条件。

第十一条　申请挂牌公司应当持续经营不少于两个完整的会计年度,本规则另有规定的除外。

有限责任公司按原账面净资产值折股整体变更为股份有限公司的,持续经营时间可以从有限责任公司成立之日起计算。

2. 汇总全国股转公司官网2024年4月30日对5926家挂牌公司披露的2023年年报的统计数据,展示新三板挂牌公司在2023年总体的发展情况:①

① 参见《新三板挂牌公司2023年实现稳健经营》,载全国中小企业股份转让系统官网2024年5月7日,https://www.neeq.com.cn/release/200021820.html。

（1）合计收入1.57万亿元，同比增长3.08%；平均毛利率为21.03%；合计持有货币资金3369.17亿元；总资产负债率为57.46%。

（2）合计长期资产投资818.06亿元，同比增加8.33%；120家净利润超过1亿元的挂牌公司贡献了全市场27.51%的盈利。

（3）547家挂牌公司合计完成573次发行，累计融资额180.19亿元；119家公司发生收购，合计金额为33.91亿元。

（4）截至2023年年末，全市场股东总人数为43.67万人，同比增加5.76%；1919家挂牌公司合计实现分红389.51亿元，同比增加57.16亿元；计划回购股份金额22.63亿元；披露股权激励和员工持股计划126家次，同比增加14.55%。

（5）主动摘牌公司325家，对263家挂牌公司进行强制摘牌。

3. 为什么有的公司在新三板挂牌后获得了长足的发展？

从市场角度看，公司在新三板挂牌的行为本身向市场表达了一些明确的信息：客观上，公司目前产品或业务、管理、财务、技术、研发等一个或多个方面有一定的核心竞争力，所以目前有高于同行业的盈利能力。主观上，股东和公司、管理层愿意规范经营，接受更高的义务和责任；他们愿意将公司从私人公司转化为公众公司，完成这样一次革命；他们对公司未来有信心；他们有意愿学习资本市场规则，掌握驾驭资本市场的能力，有能力带领公司走得更远。

所以，对于这样的公司，市场上的投资者（资金提供者）、公司上下游（资源提供者）以及职业经理人和中介机构（人才）当然愿意给予他们更多的支持。新三板对挂牌公司而言具有很好的教练功能，这是公司新三板挂牌后系列资本市场运作得以实施的前提，也是资本市场的共识。

4. 公司在新三板可以实施哪些资本市场运作方式?

(1)定向增发,引进战略投资者和财务投资人,获得企业发展所需要的资金和资源的支持。而且,相对于非挂牌公司,新三板企业可以获得更高估值,可以对投资者要求的业绩对赌和回购说“不”,从而降低融资风险。

(2)股权激励,如限制性股票、期权等股权激励工具都可以助力公司吸引优秀的人才。

(3)发行股份收购资产,股份可以用作支付,减少了扩张所需要的现金支出。

(4)发行债券、优先股等资本市场金融衍生品种,用于募集资金、收购等。

(5)公司股票在新三板挂牌交易增加企业信用,股东可以使用股票质押获得债权融资,以较低的成本获得资金支持。

(6)公司在新三板市场上持续的信息披露、规范的法人治理和财务规范都增加了信用和竞争力,有助于在业务竞争中获得更好的客户和订单,有利于自身发展。

(7)有更多的机会获得战略投资者关注,获得被收购机会等。

(8)外部投资者的参与提高了公司法人治理水平。

(9)中介机构对公司持续的财务、法律、保荐服务和支持,协助公司股东、管理团队提高法人治理水平、内控制度以及驾驭资本市场的能力。

(10)《证券法》和中国证监会、各证券交易所对挂牌公司的高要求最终有利于公司和团队的成长。

(11)新三板挂牌公司普遍规模小、整体市场估值水平不高,挂牌公司也不公开发行股票,因此公司主动违反资本市场规则的冲动不大,即使有些许违规,可能造成的损失也不大,资本市场错误的代价并不高。就像一个要到大海游泳的人要先在室内游泳池练习，公司在新三板既可以学习和使用资本市场规则，也不会发生严重的影响公司生死存亡的风险，这是新三板作为资本市场教练功能的主要体现。

综上所述，我们身边确实不乏通过新三板迅速成长的企业，他们不同程度地获得了核心技术的突破、业绩和规模的扩大以及盈利能力的迅速提高，有的实现了在沪市/深市和北交所上市，有的被上市公司收购，那些继续留在新三板的也成为明星企业。特别重要的是，他们中的多数很好地在本轮经济下行中提高了生存能力，在残酷的竞争环境中胜出。

5. 资本市场对公司最大的支持是什么？

综合 20 多年的资本市场法律服务实践以及成功或失败的案例，我们真切地感受到公司登陆资本市场后，可以通过股权激励、收购、增发等手段获得更多资金、资源和人才的支撑。在所有这些企业登陆资本市场可以获得的利益中，我个人认为排在首位的是法人治理，即公众公司通过资本市场的平台和力量搭建起有效的法人治理架构，建立科学的分权制衡的现代企业制度并使之有效运行，制度可以支撑公司走得更远。所以，对于那些具备驾驭资本市场能力的股东和管理团队来说，用好资本市场这个平台，可以助力企业走得更远。

(三) A 公司完成资本市场战略给我们的启示

1. 主动、全面学习和了解资本市场规则，防止认知壁垒的存在导致错误的决策。

以平常心对待资本市场，上市本身只是公司持续发展的手段而不是目的。公司需要全面满足上市的条件,一方面,公司具有核心竞争力,能够为资本市场股东们持续创造价值;另一方面,管理层和董事会、股东加强学习他们所不熟悉的资本市场规则,从而逐步具备驾驭资本市场的能力,能够按照资本市场规范运作,在承担义务的同时能够获得权利,用好资本市场,助推自己公司的发展。

2. 提前制定资本市场战略,以公司成熟、稳定的产品市场战略为基础制定资本市场战略。

以 A 公司为例,一方面,公司制定的资本市场战略建立在清晰的产品战略和市场战略基础之上,三个战略互相支撑、互相助力,最终实现让公司走得更远的目标,所以是适当的;另一方面,公司经过 20 年的发展,内部股东以信任为基础,熟悉商务规则,通过两次引进外部投资人又完成了外部投资人之间的磨合,在中介机构的帮助下,能够自觉学习产品市场和资本市场规则,并具备驾驭资本市场的能力。所以,A 公司、股东、管理层各方面都符合资本市场的基本条件,其选择了合适的时机作出的决策是正确的。

3. 执行给力,从中介机构的选择到董秘、财务总监、公司法务人员安排适当,公司从董事长到董秘、法务,齐心合力,使股东会和董事会层面正确的决策得到了全面的执行。

常见错误及风险行为清单

1. 错过新三板和北交所捷径,资本市场路径选择错误

如公司 2014 年后陆续接受了多轮外部投资人溢价投资,同时承诺了

高额业绩和上市时间，以及对赌回购条款，但到2021年9月北交所推出时部分投资协议已经触发回购条款，部分尚未触发。由于公司当时直接申请深市创业板和沪市科创板的条件并不成就，公司与投资人拟进入新三板和北交所，与各投资人协商未果。于是，公司遗憾错过了这个进入资本市场的捷径和时机。在本轮全球范围内的经济下行中所有外部投资人的回购条款均已触发，在投资人纷纷提起回购请求和诉讼的危机中，公司陷入现金流困境和诉讼泥潭。

2. 盲目乐观从新三板摘牌陷入困境

新三板自2013年1月正式挂牌运营，到2017年挂牌公司数量达到了高峰（截至2017年4月28日，挂牌公司达到11,113家），随后逐渐降低，摘牌数量大于新增挂牌数量，到2024年9月2日，挂牌公司数量为6091家。其间公司摘牌的原因大致如下：第一，因实现转板到沪市/深市创业板、主板或科创板上市成功而摘牌；第二，因被并购而摘牌；第三，为了转板/被并购先摘牌再启动沪市/深市独立上市或被并购；第四，因要承担持续维持财务、法律、法人治理规范和信息披露义务，但无法获得继续在新三板挂牌的价值和利益而摘牌。其中第三种情形下很多公司基于为未来乐观的估计匆匆摘牌，但摘牌后没有如期完成独立上市或者被并购的目标，最终因为业绩下滑，触发此前与投资人达成的业绩承诺和回购条款陷入诉讼困境而失败。

3. 板块选择错误，贻误时机

除前述看不上新三板、北交所而贻误时机的外，还有的公司过分迷信某一板块，如科创板，公司股票明明不符合科创板的定位和科创属性，但不听取中介机构意见坚持做科创板而失败；或者在不同板块之间犹豫，错过最好的申报时机，都是非常可惜的。

看到前面给大家介绍的资本市场的基本状况，大家应该可以得出这样的结论：国内资本市场各板块之间有定位差异，但各板块没有高低贵贱之分，适合自己的才是好的安排，各板块都有获得了良好发展的优秀企业，同时都有被淘汰和退市的垃圾公司。什么是适合自己的最好安排？从事公司生产、经营、业务和管理的公司/股东/实际控制人和董监高毕竟不如保荐机构那样熟悉资本市场的规则，作为资本市场专业人士，保荐机构是股票的承销商，他们显然可以站在投资者和市场角度看待发行人，对公司股票适合哪个板块更有发言权，所以，公司不妨多听取中介机构的意见。

4. 对资本市场和自己存在错误认知

如认为“资本市场主要功能是圈钱”，故而不尊重规则，不主动学习规则，也不按照中介机构的意见进行法律和财务规范，甚至财务造假导致失败。又如，对自己在业内的竞争力存在错误认识，过分高估了自己的竞争力，认为不需要借助资本市场的帮助，完全可以有很好的生存条件，但同行业公司通过资本市场力量获得了明显的竞争优势，自己则被远远抛在了后面，失去了竞争优势。

第七章

公司并购：资本市场永恒的主题

CHAPTER 7

先澄清一下两个概念：公司并购与投资。一般来说，投资的概念外延更大一些，收购公司控股权的行为也是一种广义的投资行为。为免歧义，实践中大家达成共识的习惯是将取得公司控股权的投资行为称为并购，将取得公司非控股权即少数股东权益的行为称为投资，即在狭义范围内使用投资这个概念。本书亦遵从这一习惯。对于交易对方来说，相对应的就是出让公司控股权的行为，即被并购或者被收购。

公司控股权收购/出让是实践中大量存在的交易行为，也是股东关注的大事，在成熟的市场经济条件下更甚。数据显示，美国等成熟的资本市场并购的交易量和交易活跃度远大于 IPO。由于上市公司体量大且公开信息披露，所以，大家更多感受到上市公司的并购（2024 年在 IPO 市场萎靡不振的情况下，中国证监会再次加大了对并购行为的支持力度），实践中多数公司控股权收购发生在非上市公司之间。

市场经济环境下，对于收购方公司和股东来说，并购对于资源整合、提高效率、扩大规模、整合技术、分散风险、增强竞争力、促进产业升级都具有重要意义，并最终有利于股东利益。

那么，对于被收购方来说，被并购是不是一个合适的退出方案？

答案是肯定的。

对于那些基于战略主动出售部分业务，或者因为其他原因无法更好解决公司持续经营问题的公司来说,寻找合适的机会、合适的战略合作伙伴,被并购退出是一个合适的方案。因为这个方案分散了股东风险,保障了公司法律关系中各方利益的最大化:股东变现投资收益退出,管理层可以在更好的平台和股东支持下继续职业生涯,员工可以继续自己稳定的工作,客户/供应商和债权人的利益可以持续得到满足,当地政府和社区的外部利益相关者都可以继续维持生态。

对于多数股东来说,面对这个情况的时候最纠结的是:价格是不是合适?有没有更好的价格?时机是不是合适?有没有更好的时机?除了被收购,公司是不是还有更好的出路?以及面子问题。

如我们多次提及,做公司是一份极其理性的工作,它本身就很难,所以决策时需要足够的理性,必要时可以寻求专业人士的帮助。公司的生死存亡影响的不仅是几个股东的个人利益,它承载了很大的社会责任,所以不能仅从个人得失角度考虑问题。作为拟制的人,股东在给了公司生命的同时,有义务让这个生命更茁壮地成长,更好地承担社会责任,这个时候如果有个更好的股东(养父母)可以给这个孩子更好的未来,岂不是一件好事?

我们欣喜地看到,经过市场经济的发展,国内多数股东在这个问题上已经有更为开阔的认知和胸怀,能够坦然面对这件事情了。

鉴于并购行为的重要性和普遍性,我们作专章讨论。从广义角度(包括上市公司启动的收购以及发生在非上市公司之间的收购)进一步交流并购的法律风险、实施流程、交易方案以及导致并购失败的情形等,前面以 A 公司为例已经谈到的上市公司收购方案、上市公司收购流程以及收购过程中需关注的重点问题等,本章不再赘述。

（一）正确认识并购：公司控股权收购/出让

1. 为什么要实施并购：并购双方通过并购要达成的目标

对于任何公司来说，通过并购的方式取得其他公司的控股权，或者出让自己的控股权都属于资本市场战略的一部分，是在公司产品战略、市场战略、竞争战略和长期战略规划的基础上作出的安排，且以产品战略的完全实施为基础。

对于收购方来说，启动并购通常有如下需求：

（1）通过并购进入一个新的业务领域，实现业务转型或者增加业务领域的目标。

（2）继续当前业务，扩大规模和市场占有率，或者调整现有产品的地理位置布局（如境内境外）。

（3）继续当前业务领域，通过收购下游客户，使现有产品和业务进入一个新的应用领域（A 公司上市后第一次收购要达成的目标）。

（4）收购上游客户，稳定供应关系，建立完整产业链。

（5）通过收购获得标的公司有竞争力的研发团队、销售团队。

（6）双方拟通过股权合作建立更密切的合作关系，如共同研发新产品、开拓新业务领域等。

对于被收购方来说，接受并购通常要达成如下目标：

（1）集团基于战略出售不盈利或者没有竞争力的业务和公司，而集中优势做好更有竞争力和盈利预期的业务。

（2）基于公司“做大做强但不做久”的战略安排，从行业分析，当前业务基本实现了战略目标，通过高点出售，股东可以较好获利。

（3）公司当前业务在行业内竞争优势不突出，现有股东、董事和管理团队没有找到更好的发展路径,通过出售控股权,借助新股东和管理团队的资源、资金和管理优势,解决公司未来可持续发展的问题,可以给公司、管理团队和职工更好的安排。

(4)发挥各自优势,共同研发新产品、新业务或新应用。

(5)控股股东基于自身其他原因如无法解决公司传承问题等出售控股权。

2. 收购方与标的公司如何实现双向选择?

(1)双方战略是否匹配,即任何一方是否能够协助对方实现本次并购的目标?

举个例子,如果双方本次并购的战略安排都是上述第一种情形,则自然是匹配的;但是如果收购方的战略需求是第五种情形而被收购方的战略目标是第三种情形,对双方来说就不匹配。

(2)任何一方能否通过并购为对方创造价值?

(3)收购方是否有能力整合标的公司?这需要收购方自己认真评估。如果收购方自身业务还不错,但管理水平不高,公司管理尚处于粗放的状态,没有建立起有效的法人治理架构以及现代企业制度,自然不具备整合对方、协助其提升业务经营和管理的能力。

(4)双方公司文化是否匹配?实践中更多的并购失败出于双方文化的巨大差异,文化上的冲突和不认同增加了融合的难度。我们有很多收购项目最终没有成功是由于文化冲突。一般来说,国有企业与民营企业之间存在文化差异,这个大家都容易理解。有时候即使双方都是民营企业,差异也是存在的,有些还是根本性的差异。因为不同的股东背景、行业、地域都会慢慢积淀为文化上的差异。

3. 并购流程

收购方角度的并购流程见图 7-1。

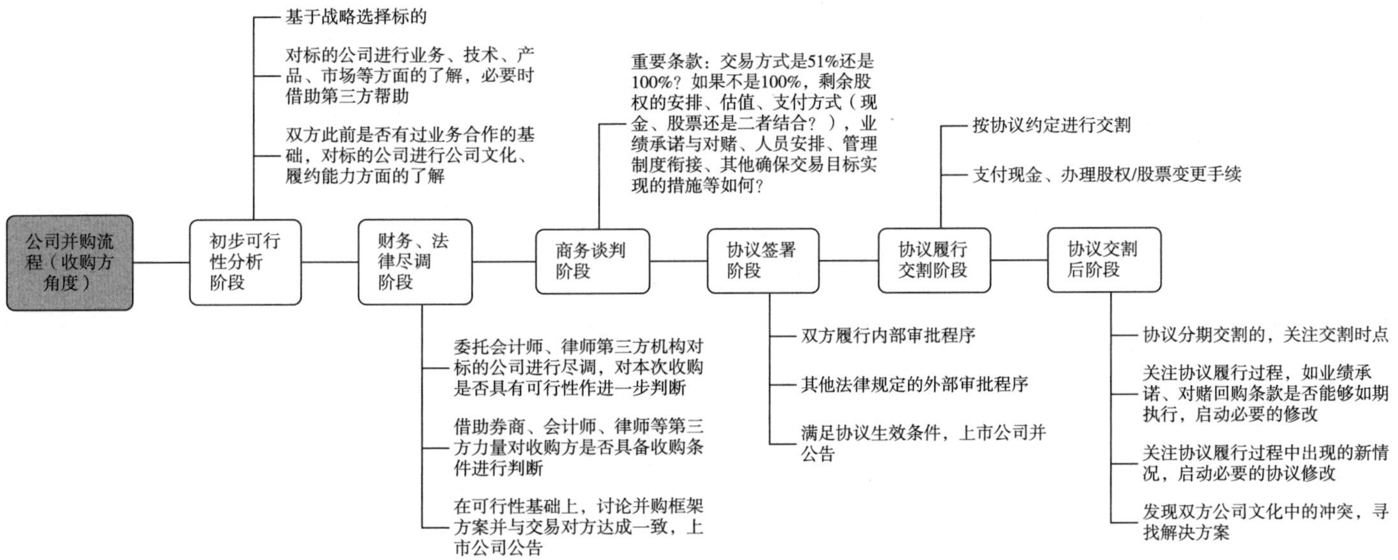

图 7－1　公司并购流程（收购方角度）

特别说明：并购流程中的第二阶段即财务、法律尽调阶段的工作是双向的，即一方面收购方要对被收购方进行全面、严格的尽调；另一方面被收购方也应当对收购方进行全面的尽调，尽调的重点在于收购方的战略规划、本次收购的目标、履约能力和信用等。这是大家实践中经常忽视的工作。从被收购方失败的角度讲，很多失败是其前期对收购方尽调不充分导致的。

4. 并购的合适时机

相较于并购过程中需要关注的上述其他因素，我始终认为合适的时机的重要性可能要排在前面。

举个例子，并购双方此前并没有业务上的接触和了解，但双方都有意在并购后实施共同研发新技术、开发新业务的目标，这就给双方的公司文化、股东和管理团队的风格、公司履约能力等提出了特别高的要求。这种情况下，我们通常建议双方先进行业务层面的合作，通过业务合作增进彼此的了解，为下一步股权层面的合作创造基础。在没有充分了解的情况下匆匆启动并购并不合适。

再举个例子，公司溢价接受了外部财务投资人的投资，约定了严苛的业绩承诺，为完成业绩承诺免除回购义务和责任，公司匆匆寻找标的公司进行收购，在并购可行性论证不充分的情况下启动收购，目标是将自己承担的业绩责任部分转移至下家（层层转包），标的公司则为获得高溢价收购款接受并购。对于双方来说，都是不合适的。

5. 实施并购的过程中需要关注的几个关键问题

（1）交易方式与支付方式

股权收购行为的支付方式可以分为三种：现金支付、股份支付、部分

现金 + 部分股份支付。如果支付方式包括股份,则其是一种双方换股的方式,即收购方向标的公司原股东定向发行股份,标的公司原股东以所持有的标的公司全部或部分股权来认购,认购完成后,标的公司原股东成为收购方股东,标的公司成为收购方全资或控股子公司。本书前述 A 公司发行股份购买资产,50% 现金支付 + 50% 股份支付的行为属于现金 + 换股收购。

在发行股份购买资产(股权)的基础上,募集配套资金并进行资产置换,同时构成关联交易和重组上市(借壳上市,标的公司股东成为收购方股东并控制收购方),资产置换即股权交易与资产交易相结合。这基本就是市场上最复合的方案了。

(2)控股权转让的情况下,是出让 51% 还是 100% 的股权?

很多被收购方认为,出让了 51% 的股权,剩余 49% 的部分可以持续持有并获得分红,实践中这个想法通常难以实现。要考虑收购完成后,在交易对方的控制下,公司是否能够持续获得盈利?即使能够持续获得盈利,是否能够如期进行利润分配?如果不能,作为非控股的少数股东,如何维护自己的利益?这就是我们实践中经常说出让 51% 的股权相当于出让了 100% 的股权的原因。

为确保剩余股权利益实现,可以在合同中约定:

①在 51% 交易完成后,包括承诺业绩实现的情况下(下同),赋予自己出让剩余股份的选择权和优先权,以及估值的计算方法。

②在 51% 交易完成后,如果在控股方控制下不能实现预期盈利(如低于 50%),也可以赋予自己一个调整交易架构的权利,如调整股权架构,约

定调整的方式和对价，自己控股，实现交易反转。

对于标的公司来说，还需进一步考虑对方的支付能力和对价及支付方式（现金支付还是部分现金、部分股份），选择上市公司还是非上市公司。如果获得了上市公司的股份，要考虑其股份价值的变动问题。

（3）估值与业绩承诺

①估值是双向的，首先要求上市公司不要高估值。

实践中，上市公司通常被高估值，所以标的公司被迫提高估值。所以，收购方的估值要限定在合理的范畴内，这是并购时机特别重要的原因。对于标的公司来说，估值越高，承诺的业绩就越高。但在控股收购的情况下，标的公司在对方的控制下而原股东要承担业绩承诺的责任是个悖论：小股东在没有控股权的情况下承担公司的业绩责任。这也是实践中经常出现争议导致收购失败的原因。

②通常来说，业绩承诺与收益法和高估值对应，而用收益法计算的公司价值确实在未来有实现不了的可能性。这种情况下，双方对估值进行调整是合理的。另外，如果没有高估值，这种估值调整的风险确实不大。

③标的公司不要过高估值，因为一旦过高估值，就会增加业绩承诺期内发生偏差的可能性和偏离度，加大不确定性。

④如果原股东要承担业绩承诺，双方应当明确完成业绩的条件，即需要保持标的公司基本面不发生大的变化，如公司基本架构和财务/销售/生产/人力资源和薪酬结构等原有制度不变，同时明确列示标的公司所需要的收购方支持，如资金支持的数量、到位时间，以及对其他资源支持进行量化，便于业绩不能完成时对双方责任进行评判。

⑤尽量寻找双方合作增量的业务机会，并加大这种增量，用增量来解决交易中可能出现的问题。

⑥关注合同的履行过程，预判可能需要调整的情形并利用合同履行过程进行适时调整，避免被动。

(二)出让少数股东权益需要考虑的因素

有时候，公司基于战略需求不出让控股权，接受外部投资或者出让少数股权与战略投资者合作，借用其业务、技术、市场或人才、资源的力量持续经营。

出让少数股东权益的情况下，要考虑下列因素：

1. 自己本次被收购的战略需求与对方收购的战略需求是否匹配？自己想通过本次收购获得的利益：交易对方拥有的技术、市场、管理、人才、资源、资金等要素，对方是否能够给予？本次交易，自己能给对方创造什么价值？交易对方从战略上讲需要什么价值？

2. 关于双方通过本次交易获得的利益交换，前期可行性论证是否充分？

3. 在双方交易合同中可以用哪些措施确保这些利益交换能够实现？

4. 如果交易目标无法实现，调整机制是什么？

5. 本次少数股东权益合作目标达成后的下一步战略是什么？

(三)上市公司收购与反收购

上市公司控股权变更会引发公众股东权益信赖利益落空。公众股东基于公司此前披露的数据和信息,有理由相信公司在目前控股股东和实际控制人的带领下,能够实现公司的可持续发展,为股东创造价值。如果控股股东变更,就严重影响了股东此前购买股票时的信赖利益,因此,法律为平等保护处于信息劣势地位的少数公众股东的利益,规定了收购上市公司控股权的特别义务,列明了禁止收购上市公司控股权的情形,强化了股东在持股权益发生重大变更时的信息披露义务,赋予了收购方持股数量达到30%且欲持续增持上市公司股票时的全面要约收购义务,即按照同样的价格和条件收购全体公众股东股权的义务和责任,给公众股东一个以合适的价格退出公司股权的机会。

2024 年 6 月海信网能要约收购上市公司科林电气(603050),大家有兴趣可以自行查询相关信息,理解上市公司收购流程。

股东如果欲收购上市公司控股权,应当了解一些规则;上市公司控股股东也有必要对这些作些了解。

1. 中国证监会《上市公司收购管理办法》(2025 年修正)的规定

收购上市公司需履行的特别程序和义务如图 7－2 所示。

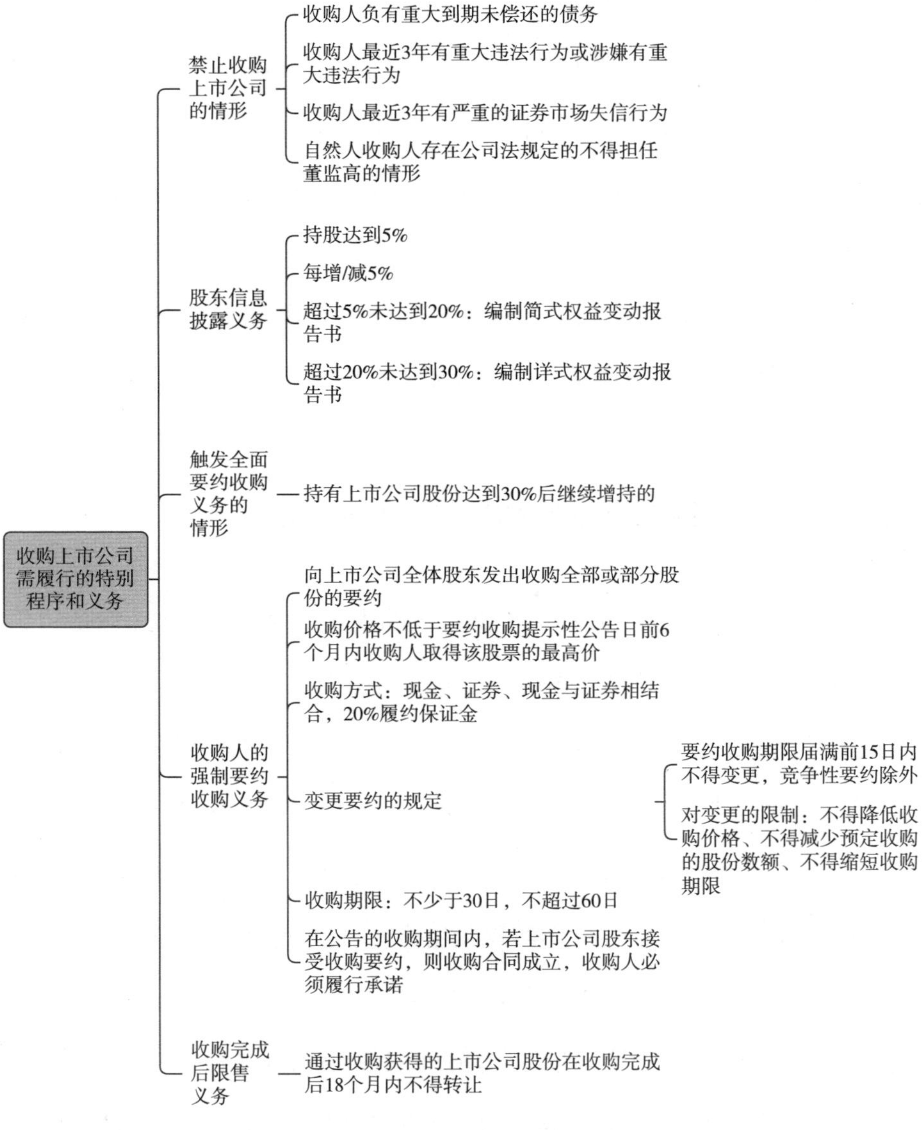

图 7－2　收购上市公司需履行的特别程序和义务

2. 反收购

对于上市公司收购来说，有个对方的反收购。非上市公司收购不存在这个问题。反收购这个话题股东们也很感兴趣，尤其是 2015 年关于万科控股权的“宝万之争”发生后。关于反收购,笔者认为,控股权既是权利,也是义务,如果不能利用控股权为公司、股东、董事高管和员工以及公司其他利益相关者持续贡献力量,达到公司成功的目标,作为流动的资产和社会资源,控股权就应当流转到能为社会创造更多价值的人(股东)那里去。法律和市场经济规则事实上也支持这个底层逻辑。

当然,尽管如此,并不妨碍股东们对此作些了解,事先作些安排以防意外。具体大家可以参考《领读公司法》(第2版)相关部分。本书不再赘述。

(四)小规模公司生存问题的解决方案:股权合作

目前,对经过改革开放数十年仍存续的大量中小企业来说(包括销售收入10亿元以下、市值低于50亿元的上市公司),尤其是对那些小而散的行业内的企业来说,如果持续恶性竞争,最终大家可能都无法在竞争中取胜,有没有解决方案?这是当前多数中小企业面临的现实问题。

个人认为,同行业公司之间的股权合作是个可以考虑的方案,即两到三家同行业公司通过股权合作实现紧密合作,变竞争关系为合作关系,以股权出资方式设立新公司,发挥各自在生产、研发、销售、财务和管理上的优势,进行资源整合,抱团取暖,同时解决生存问题,提高竞争力。

1. 各位股东首先需要达成一致的战略共识:本次股权合作是战略合作,目标是提高单个公司的生存能力,终止行业竞争乱象,提高股权合作后新公司的竞争能力(有时候也会重新调整行业规则,建立行业新气象)。

2. 在战略共识的基础上,可以根据现有业务和财务数据,按照统一规则划分各自在整合后的新公司的初始股权。初始股权结构作为存量资产和收益,很难非常准确,各方有战略共识就容易达成,因为股权合作的目标在增量;当然,缺乏战略共识,初始架构就很难达成。

3. 根据行业和各公司实际情况,设立动态调整股东权益的规则和计算方法,解决初始股权结构的不足,随时建立动态平衡,并激发各位股东的积极性。

4. 建立与初始股权架构和动态调整的股东关系相对应的股东会议事规则、董事会构成及权限以及对经理层的授权、激励与约束机制,逐步实现团队之间的融合与合作,从而真正提高整合后新公司的竞争力和法人治理架构。

粗略地看,股权合作后的新公司股权结构相对分散,很难有明确的大股东,为度过股权合作后的股东磨合期,可以参考 A 公司初创时期的做法:

(1)将公司法规定的那些过半数通过的事项调整为 2/3 以上或者 4/5 以上通过,同时增加股份多数决的事项,如聘任/选聘职业经理人、对外投资、选聘中介机构等,最大可能按照多数人的意见决策。

(2)为防止僵局,一定不能有全体股东或全体董事一致通过的事项。

(3)可以设定 3 年内禁止转让的约定。

(4)增加各股东的义务,如竞业禁止等。

(5)设立 3 年内合作不成的量化标准及解决方案。如果在 3 年时间内大家未实现深层次合作,各方解除合作,恢复原状仍然是可行的;如果已有深层次合作了,那处理起来就要更谨慎一些。

(6)建立争议/僵局解决机制,如给异议股东设置一个股权退出的通道,防止僵局,但需明确退出的情形以及退出的价格和操作程序。当然,如果大多数股东无意继续合作，那就回到上述第五种情形，视为合作不成，公司解散、清算；或者允许某一位股东以约定的价格和流程购买其他股东的股权，都是实事求是的解决方案。必要的时候，公司的财务顾问/法律顾问作为第三方中介机构参与决策，协助解决问题。

5. 财务信息公开，公司组织架构设置、薪酬与考核制度科学、合理、公开、透明，这样可以为股东增进信任关系提供基础。

6. 财务顾问、法律顾问等第三方中介机构的深入参与成为必要，可以协助各方建立股权合作的规则，解决可能发生的争议，最大限度提高股权合作成功率。

（五）A 公司上市后成功实施并购给我们的启示

1. 基于自身战略、务实推进。先看并购时机，A 公司基于自身情况，在资本市场战略的统筹下，推迟了 3 年时间实施并购。另外，对收购标的的选择也是基于自身战略务实的做法，尤其是对标的公司估值和业绩承诺方案的谈判上，A 公司有了自己前两次引进外部投资人作为投资标的的估值和业绩承诺经历，能够设身处地站在标的公司角度想问题，没有用自己上市公司的身份咄咄逼人地压制对方，选择了自己一个不高的股票价格时机，从而降低本次收购难度，对方也不需要过高地估值，自然也没有设置苛刻的业绩承诺的必要性。

最重要的是，这些平和的外部环境和商务条件的选择，最终为双方合作后两公司的文化融合提供了基础，A 公司自己稳健的管理经验基础也是能够接纳标的公司，顺利完成两公司的经营和管理融合的重要条件。

2. 经过上市前引进外部投资人和资本市场的洗礼，公司虽然没有实现所有权与经营权分离，但自身法人治理架构和现代企业制度建设已经完成，组织能力得到提升，做好了自己，才有能力整合并购标的。如果自己的管理一塌糊涂，无论如何也难以实现并购效应。

第一次收购的顺利完成，大大提升了公司管理团队的信心，为后续持续扩张创造了条件。

（六）一则上市公司收购案例

从实践角度讲，公司收购的成功率并不高，达成成功的目标需要标的选择、商务谈判、合同签订、合同履行及交易完成后双方业务、管理和文化整合每个阶段都不能出现差错，任何一个环节出现问题都可能导致失败。如标的选择不当、时机不当、估值不当、业绩承诺失败、合同履行过程中发生了应予调整而未及时调整的错误，或者即使交易能够完成，但交易完成后双方文化差异或者收购方没有能力管理标的公司都会导致失败。

当然，我们所说的失败是指目的不达，即任何一方初始设定的并购目标没有实现。从这个角度出发，图 7 – 3 所示的科华生物（002022）上市公司收购案例从上市公司角度讲，最后的结果偏离了初始目标，应该算是失败的；但从标的公司股东角度来说，则是一则成功的收购案例，因为标的公司股东通过本次收购实现了标的公司资产证券化并重组上市（借壳上市），获得了上市公司的控股权。

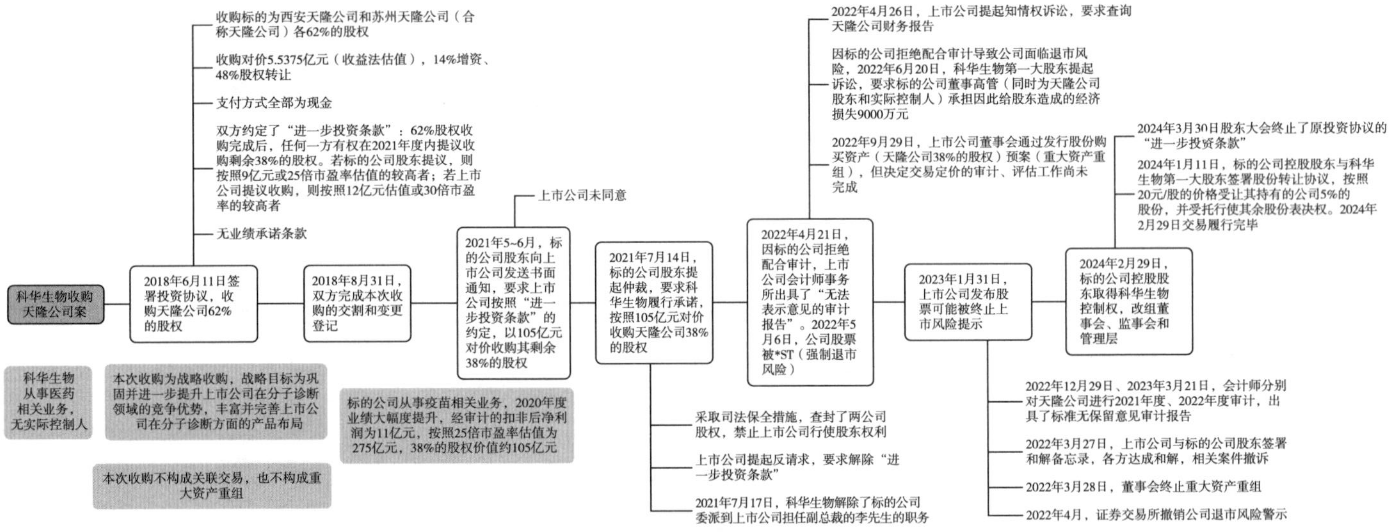

图 7－3　科华生物收购天隆公司案始末

常见错误及风险行为清单

对于收购方来说：

1. 双方战略不匹配，至少收购一方甚至双方都没有基于战略启动收购。由于战略不匹配，后面的尽调过程、商务谈判细节以及实操细节做得再好，都很难解决战略错误带来的风险。

2. 尽调不充分，没有发现导致收购无法实施的业务/技术/市场风险以及财务、法律风险。或者虽然发现但没有提前设计风险发生后的应对方案，导致失败。

3. 交易方案设计存在重大缺陷，双方均被高估值，现金部分过多或过少，并购后股东关系失衡，又没有事先约定调整机制，导致失败。

4. 触发收购后业务和管理整合的风险，粗暴地改变标的公司的管理制度和模式，导致失败。就像是孩子到了养父母家里，被硬生生地改变了食谱和生活习惯，导致孩子身体无法适应而出现健康问题。

5. 时机不当。

6. 双方文化冲突导致失败等。

对于被收购方来说：

1. 追求高估值，无法完成高业绩承诺，触发回购义务，返还收到的对价，承担赔偿责任。

2. 前期项目论证不充分、对交易对方的尽调不充分、商务条款约定不合理或者有缺陷、履行过程中没有抓住机会进行调整，被收购目标不达。

3. 非100%股权收购的情况下，由于未约定剩余股权处理方案，过程中又没有调整机制，或者由于收购方的原因，剩余股权价值归零，目标公司利益不达。

4. 属于自己的义务都履行了，但交易对方出现了问题，如大的业务事故使业绩大幅度下滑、上市进程失败、出现股东争议等导致收购方违约，无法支付收购对价或者用于支付的股份价值大幅贬值，甚至更严重的情形发生——收购方因资不抵债陷入破产状态，都会导致失败。

5. 被收购方内部股东和管理层之间就本次被收购意见不一致，引发内部矛盾等。

6. 双方文化冲突导致失败。

第八章

公司解散/清算、破产与重整：公司生命终止的法律历程

CHAPTER 8

作为拟制的人，公司也有自己的生命历程，要么持续存续，要么终止生命，注销登记，退出市场。诚如股东赋予了公司生命一样，在公司设立使命已经完成或者目标不达的情况下，股东都可以主观愿望作出决议终止公司存续，即使公司客观上具备存续的条件和能力。除此之外，则是客观原因导致公司不能持续生存而退出。

对于给了公司初始生命的股东来说，不仅要了解公司如何生，如何维持生命的运营，更要了解公司如何终结生命。“向死而生”对于经营公司的企业家来说，不仅仅是哲学，更是严酷的现实。国内统计数据显示多数公司存续时间没有超过生存期。

对于那些经过了生存期，至今存续了 10 年甚至 20 年以上的公司来说，如果产品、业务和经营以及管理没有核心竞争力，没有建立科学有效的现代企业制度和组织架构保障公司的核心竞争力，任何一次股东层面、行业方面以及外界环境的变动和危机处理失败，任何一次决策失误，都可能将公司推向深渊。股东要时刻警示自己：“微软离破产永远只有 18 个月。”这是比尔·盖茨所倡导的微软文化中的一项重要内容。

但是，与公司设立仅影响股东的利益不同，公司一旦设立完成，进入经营阶段，其经营过程和结果就不只影响股东的利益，还会影响董事高管、员工、供应商/客户/银行等债权人，以及当地政府/社区等外部利益相关者。

如果公司进入了资本市场发行公开股票和债券，还会涉及不特定的多数公众股东、公众债券持有人，所以，公司终止的行为会影响诸多确定的和不确定的公司以及自然人的权益，因此生命终结的时候要做的就不能像设立的时候那么简单。

当公司最后资不抵债的时候，如何处理股东、董事高管与债权人之间的利益，有担保债权人和无担保债权人的利益，股东、员工、债权人、政府各方的利益，是需要法律严格规定的，防止股东、董事高管滥用权利损害债权人利益、员工利益以及当地政府（税务）的利益。

所以，公司解散、清算和注销、破产是具有重要法律意义的行为，股东了解这些规定也具有重要意义。

（一）公司生命终止：解散、清算、注销

1. 法律规定的公司解散的情形、条件以及清算、注销程序

图 8－1 汇总了公司生命终止的情形、条件以及清算和注销的程序，同公司设立新建公司法律关系需要登记一样，公司的生命终止也需要通过法定的登记和/或公告程序来终结法律关系。

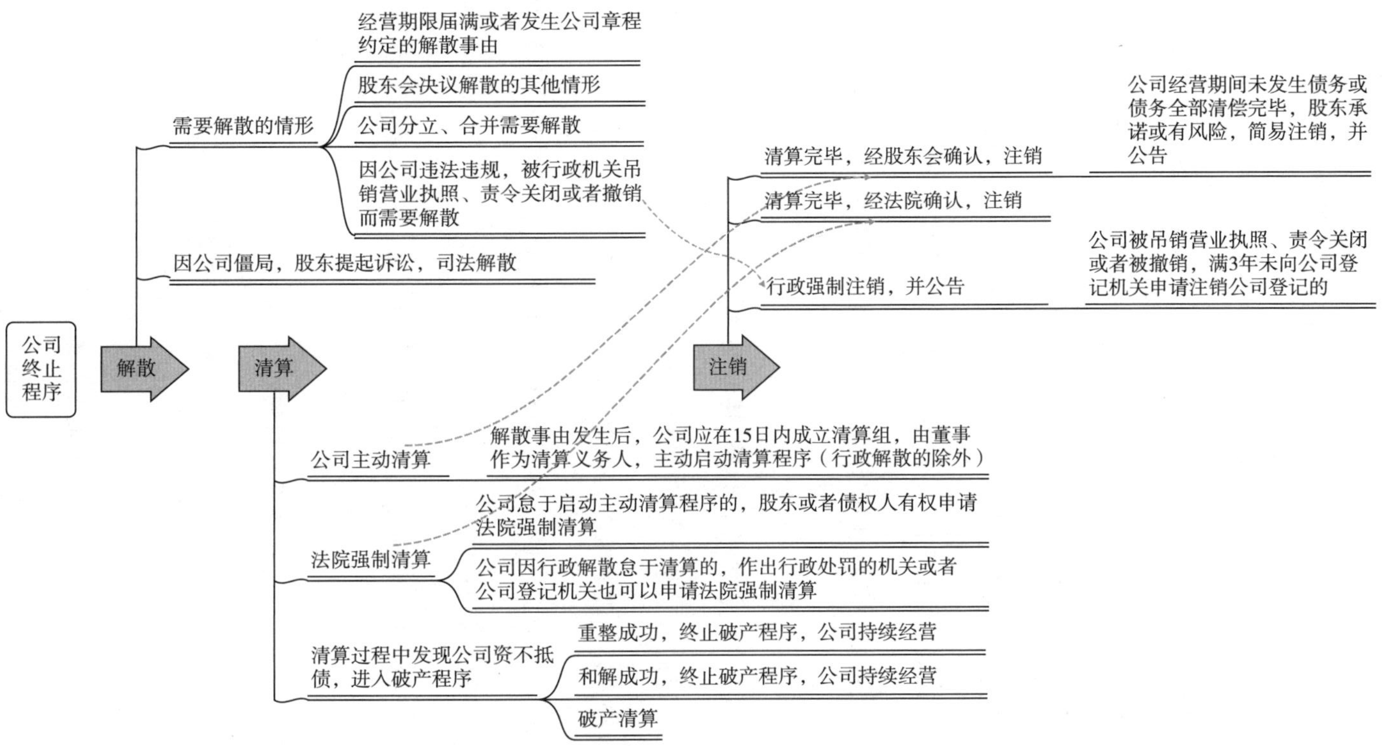

图 8－1　法律规定的公司终止程序

2. 清算的法律意义

清算是公司终结过程中具有重要法律意义的程序，是指公司因上述五种情形解散时，为终结现存的财产和其他法律关系，依照法定程序，对公司的财产和债权债务关系进行清理、处分和分配，以了结其债权债务关系，从而终止公司法人资格的法律行为。

就公司解散的五种情形分别来看，公司合并的法律后果是由合并后的公司承继合并前公司所有的业务、资产和债权债务，公司分立后的法律后果是分立后的公司对分立前的公司的债务承担连带责任。所以，这两种情形下，公司债权债务关系均已作出安排，不需要清理和终结，也不需要一个清算的程序。

因此，除公司合并、分立的情形外，其他四种情形（公司经营期限届满或者公司章程约定的解散事由出现、股东会决议解散、因公司僵局司法解散或者公司被行政处罚需要解散）均须经过清算程序。

另外，2023年《公司法》修订对于被行政解散后怠于注销的公司采取强制注销也是一种积极的处理办法。

《公司法》第234条明确规定了清算组的职责：

> 清算组在清算期间行使下列职权：
>
> （一）清理公司财产，分别编制资产负债表和财产清单；
>
> （二）通知、公告债权人；
>
> （三）处理与清算有关的公司未了结的业务；
>
> （四）清缴所欠税款以及清算过程中产生的税款；

（五）清理债权、债务；

（六）分配公司清偿债务后的剩余财产；

（七）代表公司参与民事诉讼活动。

3. 非破产清算的法律程序

➡发生需要解散的事由后15日内成立由董事和股东会/公司章程决议的其他人员组成的清算组。

➡ 10日内通知已知债权人，60日内公告公司全体债权人。

➡债权人申报债权。

➡清算组清理公司资产、编制资产负债表和财产清单财产。

➡清算组编制清算方案报股东会或法院审批，清算方案包括财产变价方案、债务追偿方案、需要股东缴纳出资的方案、财产分配方案等。

➡清算组实施清算方案，执行财产分配方案。

➡财产分配方案执行完毕后，清算组作出清算报告交股东会或法院确认。

➡办理公司注销登记。

4. 2023年《公司法》修订新增的董事作为公司清算义务人，对公司和债权人负有的忠实与勤勉尽责义务

（1）按清算法律程序成立清算组，启动清算程序。

（2）平等对待债权人，债权申报期间不得对债权人进行清偿。

（3）清算程序启动后公司停止业务和经营活动，处理与清算有关的公

司未了结业务，代表公司参与诉讼。

(4)全面清理公司资产，追偿公司债权，处分公司资产，要求未完成出资义务的股东缴纳出资。

(5)发现公司资不抵债时及时移送法院，进入破产程序。

(6)忠实、勤勉尽责地制作清算方案交股东会或法院确认。

(7)严格执行股东会或法院批准的清算方案清偿债权人债务，实施财产方案，并将剩余财产在股东之间进行分配。

(8)忠实、勤勉尽责地制作清算报告并交股东会或法院确认，完成公司注销登记手续。

(二)不破不立：全面理解企业破产制度

企业破产制度和个人破产制度共同作用，支撑公司有限责任和股东有限责任落到实处，既体现了对股东的保护，也体现了鼓励投资的公司法立法宗旨。

公司有限责任意味着公司资产如果不能清偿公司债务，可以寻求破产保护，通过宣告破产免除未清偿部分的债务。股东出资完成的情况下，即使公司破产，股东也不会为公司行为承担责任，这是股东有限责任。

当然，股东获得有限责任保护的条件有两个：

一个是积极条件，即股东按照约定完成了出资义务。如果触发积极条件，法律既可以要求股东加速出资，也可以在出资不足的范围内对债权人直接承担责任。

另一个是消极条件，即没有发生严重滥用公司有限责任损害债权人利益如人格混同、过度支配与控制、公司明显资本不足的情形。如果触发了消极条件，则需要“揭开公司面纱”，否定公司的独立法人人格和股东有限责任，让该股东对公司债务承担无限连带责任。这是对股东违反法定义务损害债权人利益的最严厉的民事惩罚。当然，也有行政责任和刑事责任。

但是，如果到最后一个自然人股东无力完成上述股东责任怎么办？如何保护诚实而不幸的股东？要免除股东不能承担的义务，只有依靠个人破产法。这也是世界上一些国家先有个人破产法后有公司破产法的原因。

正是从这个角度讲，构建公司法的破产制度需要企业破产法和个人破产法并行，当前我国个人破产法尚未出台，只有企业破产法。

1. 关于《企业破产法》

随着改革开放和市场经济建设，并配套《公司法》的实施，1986 年 12 月《企业破产法（试行）》推出，正式法律于 2006 年 8 月发布，2007 年 6 月开始实行。

《企业破产法》的立法宗旨在条款中明确为“规范企业破产程序，公平清理债权债务，保护债权人和债务人的合法权益，维护社会主义市场经济秩序”。这一立法宗旨体现了两个公平原则：

一是公平清理债权债务，表现为债务有序清偿以及同一序列的债权人平等原则。

二是公平对待债权人和债务人，不能因为债务人不能清偿债务，到了破产阶段，就过分保护债权人利益而忽略了债务人，这对债务人的其他利害关系人——职工、国家、出资人是不公平的。

借鉴世界其他发达国家的企业破产制度，我国《企业破产法》完善了两大制度：

一是重整与和解制度，规定债务人具备破产申请条件的同时，申请人既可以直接申请债务人宣告破产，也可以申请重整或和解。这使那些处于经营困难、破产边界的企业，也有机会通过引进新投资人实现重整；或与债务人达成和解：债权人延长清偿期或者减免清偿额，或者在债权转股权的支持下持续经营，获得起死回生的机会。

毕竟，企业与其股东、债权人权益具有共益性，企业、出资人与主要债权人能够达成一致，豁免企业部分债务并给予企业更多的支持，使企业能够继续生产和经营，才是对股东、员工、债务人、债权人、当地政府等诸多利益团体最大的保护。

二是破产管理人制度，明确规定了破产管理人由律师、会计师、清算事务所等专业机构担任，由法院指定和更换，非经法院同意不得辞职。并明确了管理人向法院报告工作，接受债权人的监督，勤勉尽责、忠实地执行职务的法定职责。

破产管理人制度的推出，将大大增强破产过程中的专业性和公信力，更好地实现《企业破产法》的立法宗旨。

《企业破产法》的主要内容如图 8－2、图 8－3 所示。

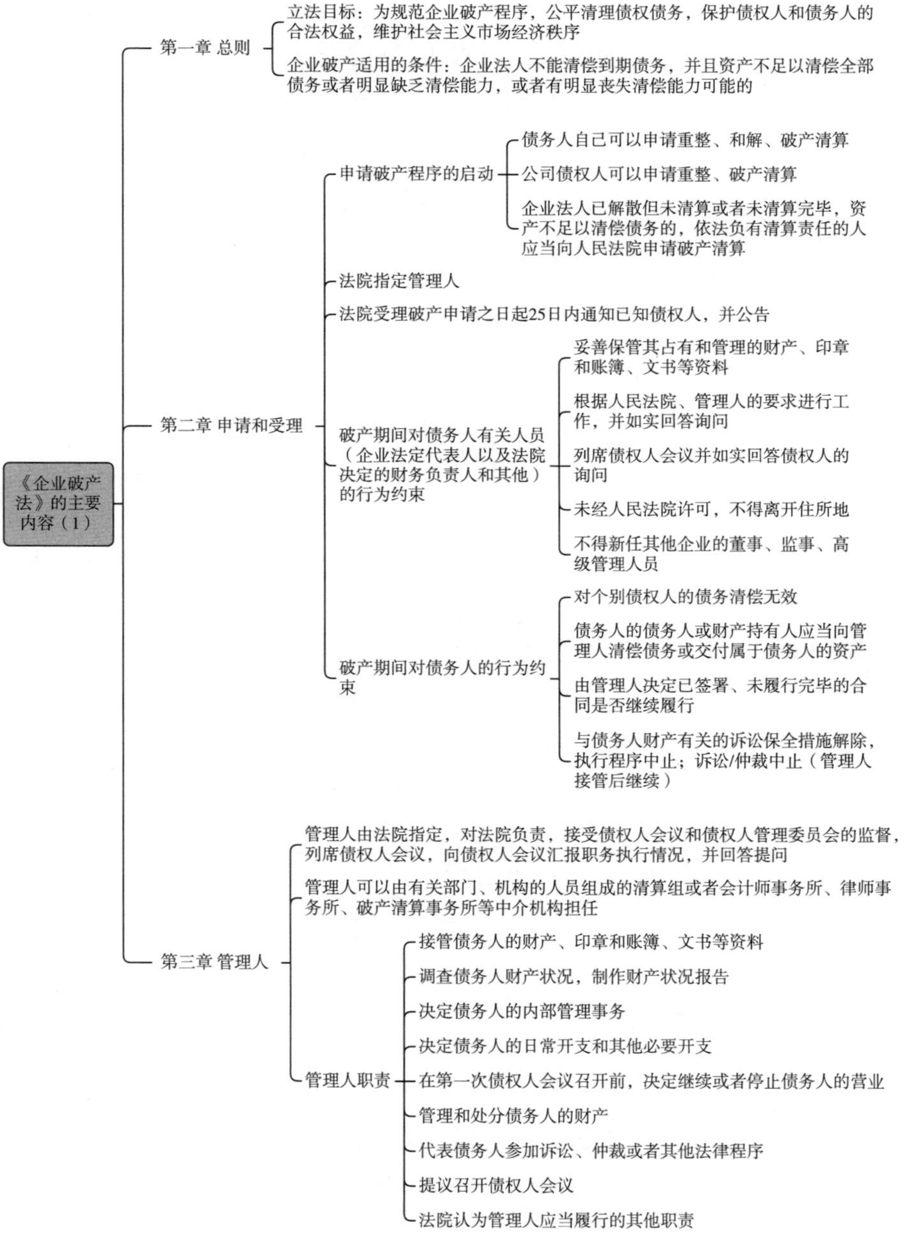

图 8－2 《企业破产法》的主要内容(1)

- 《企业破产法》的主要内容（2）
  - 第四章 债务人财产
    - 债务人财产的范围：破产申请受理时属于债务人的全部财产以及破产期间（破产申请后至破产程序终结前）债务人取得的资产
      - 法院受理破产申请前1年内的有权请求法院撤销的部分：无偿转让财产的；以明显不合理价格进行交易的；对没有担保的债务提供担保的；对未到期债务提前清偿的；放弃债权的
      - 法院受理破产申请前6个月内对个别债权人清偿的部分
      - 股东尚未届期限的出资
      - 董监高利用职权从企业获取的非正常收入和侵占的财产
  - 第五章 破产费用和共益债务
    - 破产费用：法院诉讼费；管理、变价、分配债务人财产的费用；管理人报酬
    - 共益债务：为债务人之利益而产生的债务和责任
    - 破产费用和共益债务由债务人财产随时清偿
  - 第六章 债权申报
    - 债权申报期间：30日~3个月
  - 第七章 债权人会议
    - 债权人会议的职权
      - 核查债权
      - 监督管理人、申请法院更换管理人、审查管理人的费用和报酬
      - 选任和更换债权人委员会委员
      - 决定继续或停止债务人营业
      - 通过重整计划、和解方案、债务人财产管理方案、破产财产变价方案和破产财务分配方案
      - 法院认为应当由其行使的其他职权
    - 债权人会议决议规则
      - 出席会议的有表决权的债权人过半数通过，并且有其所代表的债权额占无抵押担保债权总额的1/2以上通过。法院裁定的除外
  - 第八章 重整
    - 重整程序的提起：
      - 债务人或者债权人可以直接向法院申请对债务人进行重整
      - 债权人对债务人申请破产清算的，在法院受理后宣告债务人破产前，债务人或者出资额占债务人出资额1/10以上的出资人可以向法院申请重整
    - 重整期间（自法院裁定重整之日至重整程序终止之日）对相关方行为约束
      - 经法院批准，债务人可以在管理人的监督下自行管理财产和营业事务
      - 暂停对债务人的财产担保权行使
      - 第三人从债务人处取回资产需符合条件
      - 不得向股东分配投资收益
      - 债务人董监高不得对外转让股权
    - 债务人或管理人6+3个月内提出重整计划草案，报债权人会议审批
      - 债权人会议分组表决：有担保债权、普通债权、职工债务、税款、出资人组
      - 出席会议的同一表决组的债权人过半数同意重整计划草案，并且其所代表的债权额占该组债权总额的2/3以上的，即为该组通过重整计划草案。各组均通过视为重整计划草案通过，法院裁定终止重整程序，并公告
    - 视为重整失败，进入破产程序的情形
      - 逾期未提出重整计划草案
      - 重整计划草案未经各组审议通过
      - 重整计划草未得到执行
  - 第九章 和解
    - 和解程序的启动：债务人向法院申请并提出和解方案
    - 债权人会议表决通过：债权人会议通过和解协议的决议，由出席会议的有表决权的债权人过半数同意，并且其所代表的债权额占无财产担保债权总额的2/3以上。法院裁定同意，终止和解程序，并公告
    - 债权人会议未通过和解方案，或者法院不同意和解方案的，法院裁定终止和解程序，宣告债务人破产
  - 第十章 破产清算

图8－3 《企业破产法》的主要内容(2)

2. 破产清算的法律程序

➡公司确认资不抵债的情况下，自己向法院申请或者债权人申请进入破产程序。

➡法院裁定宣告公司进入破产程序。

➡通知、公告公司债权人。

➡债权人申报债权。

➡管理人制定破产财产变价方案提交债权人会议讨论。

➡债权人会议或法院裁定通过破产变价方案。

➡以拍卖方式变价出售破产财产。

➡管理人制定破产财产分配方案交债权人会议讨论并报法院裁定认可。

➡管理人执行财产分配方案。

➡财产分配完毕或无可供执行的财产，未得到清偿的债务公司不再继续清偿，法院宣告终结破产程序，企业办理注销登记。

（三）成功重整：让有价值的公司起死回生并重建股东关系

实践中，公司要获得成功重整需要很多条件的成就，这对于股东、董监高、债权人和当地政府、法院、中介机构来说是非常困难的，需要各方的全力配合。任何一方如果只关注自己的利益而不合作，都可能导致失败。这对当前处于市场经济初期的我们来说，是个巨大的挑战。

1. 公司法律关系各方主体：原股东（包括有对赌回购权的股东和普通

股东）、新投资人、各债权人（有担保和无担保债权人）、董事高管能够正确认识公司各方利益所面临的必须调整的情形。

2. 重整中介机构：包括律师、会计师、评估师、管理咨询顾问等用娴熟、高超的专业知识和技能为重整各方提供一个科学、可行、能够平衡各方利益并为各方所接受的重整方案。这个重整方案的推出，着实考验中介机构的专业技能和处理疑难复杂工作的能力。

3. 当地政府：由于具有重整价值的公司在当地均具有一定的影响力，对当地不管是在税收还是解决劳动用工上都有贡献，所以，当地政府积极促成重整不仅是一项形象工程，也符合当地政府的利益诉求。实践中，很多项目的成功离不开当地政府的努力，如为新投资人提供利益空间、协助债务人解决困难、协调银行债权人和个别股东接受重整方案等。当然，也有政府行为不适当阻却重整的案例。因为处于破产过程中的公司和项目是否具有价值，具有多大的价值，如何利用才能达到价值最大化，这些问题说到底还是市场说了算。

4. 职业经理人队伍：按照国际上成熟的重整经验，新投资人要用3～5年的时间完成重整项目涅槃重生的目标，使重整项目从当前的巨额亏损和低估值到3～5年后的盈利和价值翻番，需要不同于正常状态下生产经营和管理的思路，由此也需要不同的职业经理人来执行这一思路。所以，成熟的能够随时委派到重整项目中帮助企业实现重生的“带着厨具的厨子”是非常重要的。

5. 法院：在重整过程中协助公司完成重生的法院的力量自是不可忽视的，除娴熟运用法律程序解决问题外，法院和法官对复杂的破产重整事务的理解能力、解决复杂问题的能力确实非常重要。

6. 合适的时机：处理公司法律关系永远都需要一个合适的时机，有时候这个时机的重要性甚至是第一位的，一旦错过就很难再调整。实践中发生了大量令人痛心的案例，公司、原股东和董事高管在公司面临困境的时候不知所措，基于恐惧迟迟不敢启动重整程序，使公司因为“冰棍理论”而失去重整价值，最终只能破产。

第九章

“横向/纵向揭开公司面纱”：股东有限责任的例外

CHAPTER 9

我们知道，“公司”是人类社会文明史上的一项伟大的制度发明，是人为设置的法律上独立的主体、“拟制的人”。这项制度设定的目标是活跃市场经济，鼓励投资，鼓励社会增量财富的产生和积累。为达到这个目标，公司设立之初就从制度上设定了两个有限责任——公司以资产为限，对设立和经营过程中的债务承担有限责任；股东以出资为限，对公司债务承担有限责任。这两个有限责任是共同构建公司独立法人制度的两个基石。

如前所述，作为善良和公平的艺术，法律的职责是平衡各方利益，构建规则，建立稳定的秩序，并维持这种秩序的运营。这就必须对破坏秩序和规则的人作出处罚，让他/她承担法律上的不利后果——民事责任、行政责任或者刑事责任。

从公司法角度讲，否定公司的独立人格，让部分股东免受有限责任保护，为公司债务承担连带责任便是在公司法律关系中股东可能承担的最严厉的民事责任。

2023 年《公司法》修订在原来“纵向揭开公司面纱”制度即股东仅可能对其所投资的公司承担无限连带责任的基础上，增加了“横向揭开公司面纱”制度，即股东还可能对与其并没有直接投资关系的其他关联公司的债务承担连带赔偿责任。这扩宽了对股东违法责任的处罚范围。

“横向揭开公司面纱”制度其实在企业破产实践中早有实施,2023 年《公司法》修订为其补充了法律依据。股东确有必要了解法律的底线,也就是自己行为的边界。这是本书设专章介绍该制度的原因。

这些年来,法院使用“纵向/横向揭开公司面纱”审查制度处理了大量巨型企业集团的破产重整案件:海航 321 家企业实质合并破产重整;东北最大民营商业企业兴隆集团 92 家企业实质合并重整,债权申报数量多达 11.7 万笔;恒大万亿债务危机爆雷后恒大汽车先行公告进入破产重整程序;中植集团 248 家企业纳入实质合并破产审查范围。

对于股东来说,需要知道的是法律规定的“横向/纵向揭开公司面纱,否定公司独立人格”的条件。

(一)关于否定公司独立法人人格的法律规定

1.《公司法》第 23 条规定

公司股东滥用公司法人独立地位和股东有限责任,逃避债务,严重损害公司债权人利益的,应当对公司债务承担连带责任。

股东利用其控制的两个以上公司实施前款规定行为的,各公司应当对任一公司的债务承担连带责任。

只有一个股东的公司,股东不能证明公司财产独立于股东自己的财产的,应当对公司债务承担连带责任。

2.《全国法院民商事审判工作会议纪要》(法〔2019〕254 号)中关于认定否定公司人格的三种主要情形

【人格混同】认定公司人格与股东人格是否存在混同,最根本的判断标准是公司是否具有独立意思和独立财产,最主要的表现是公司的财产与股东的财产是否混同且无法区分。在认定是否构成人格混同时,应当综合考虑以下因素:

(1)股东无偿使用公司资金或者财产,不作财务记载的;

(2)股东用公司的资金偿还股东的债务,或者将公司的资金供关联公司无偿使用,不作财务记载的;

(3)公司账簿与股东账簿不分,致使公司财产与股东财产无法区分的;

(4)股东自身收益与公司盈利不加区分,致使双方利益不清的;

(5)公司的财产记载于股东名下,由股东占有、使用的;

(6)人格混同的其他情形。

在出现人格混同的情况下,往往同时出现以下混同:公司业务和股东业务混同;公司员工与股东员工混同,特别是财务人员混同;公司住所与股东住所混同。人民法院在审理案件时,关键要审查是否构成人格混同,而不要求同时具备其他方面的混同,其他方面的混同往往只是人格混同的补强。

【过度支配与控制】公司控制股东对公司过度支配与控制,操纵公司的决策过程,使公司完全丧失独立性,沦为控制股东的工具或躯壳,严重损害公司债权人利益,应当否认公司人格,由滥用控制权的股东对公司债务承担连带责任。实践中常见的情形包括：

(1)母子公司之间或者子公司之间进行利益输送的；

(2)母子公司或者子公司之间进行交易,收益归一方,损失却由另一方承担的；

(3)先从原公司抽走资金,然后再成立经营目的相同或者类似的公司,逃避原公司债务的；

(4)先解散公司,再以原公司场所、设备、人员及相同或者相似的经营目的另设公司,逃避原公司债务的；

(5)过度支配与控制的其他情形。

控制股东或实际控制人控制多个子公司或者关联公司,滥用控制权使多个子公司或者关联公司财产边界不清、财务混同,利益相互输送,丧失人格独立性,沦为控制股东逃避债务、非法经营,甚至违法犯罪工具的,可以综合案件事实,否认子公司或者关联公司法人人格,判令承担连带责任。

【资本显著不足】资本显著不足指的是,公司设立后在经营过程中,股东实际投入公司的资本数额与公司经营所隐含的风险相比明显不匹配。股东利用较少资本从事力所不及的经营,表明其没有从事公司经营的诚意,实质是恶意利用公司独立人格和股东有限责任把投资风险转嫁给债权人。由于资本显著不足的判断标准有很大的模糊性,特别是要与公司采取“以小博大”的正常经营方式相区分,因此在适用时要十分谨慎,应当与其他因素结合起来综合判断。

3. 关于“关联企业实质合并破产”的《企业破产法》规定

2023 年《公司法》修订前，实践中法院否定法人人格追究股东连带责任的案例即大有存在。关于不局限于投资关系的横向法人人格否认，此前最高人民法院发布的《全国法院破产审判工作会议纪要》（法〔2018〕53 号）第 6 部分“关联企业破产”中即表达了这一立法原则，摘录该部分内容如下：

> 六、关联企业破产
>
> 会议认为，人民法院审理关联企业破产案件时，要立足于破产关联企业之间的具体关系模式，采取不同方式予以处理。既要通过实质合并审理方式处理法人人格高度混同的关联关系，确保全体债权人公平清偿，也要避免不当采用实质合并审理方式损害相关利益主体的合法权益。
>
> 32. 关联企业实质合并破产的审慎适用。人民法院在审理企业破产案件时，应当尊重企业法人人格的独立性，以对关联企业成员的破产原因进行单独判断并适用单个破产程序为基本原则。当关联企业成员之间存在法人人格高度混同、区分各关联企业成员财产的成本过高、严重损害债权人公平清偿利益时，可例外适用关联企业实质合并破产方式进行审理。
>
> 33. 实质合并申请的审查。人民法院收到实质合并申请后，应当及时通知相关利害关系人并组织听证，听证时间不计入审查时间。人民法院在审查实质合并申请过程中，可以综合考虑关联企业之间资产的混同程序及其持续时间、各企业之间的利益关

系、债权人整体清偿利益、增加企业重整的可能性等因素，在收到申请之日起三十日内作出是否实质合并审理的裁定。

34. 裁定实质合并时利害关系人的权利救济。相关利害关系人对受理法院作出的实质合并审理裁定不服的，可以自裁定书送达之日起十五日内向受理法院的上一级人民法院申请复议。

35. 实质合并审理的管辖原则与冲突解决。采用实质合并方式审理关联企业破产案件的，应由关联企业中的核心控制企业住所地人民法院管辖。核心控制企业不明确的，由关联企业主要财产所在地人民法院管辖。多个法院之间对管辖权发生争议的，应当报请共同的上级人民法院指定管辖。

36. 实质合并审理的法律后果。人民法院裁定采用实质合并方式审理破产案件的，各关联企业成员之间的债权债务归于消灭，各成员的财产作为合并后统一的破产财产，由各成员的债权人在同一程序中按照法定顺序公平受偿。采用实质合并方式进行重整的，重整计划草案中应当制定统一的债权分类、债权调整和债权受偿方案。

37. 实质合并审理后的企业成员存续。适用实质合并规则进行破产清算的，破产程序终结后各关联企业成员均应予以注销。适用实质合并规则进行和解或重整的，各关联企业原则上应当合并为一个企业。根据和解协议或重整计划，确有需要保持个别企业独立的，应当依照企业分立的有关规则单独处理。

38. 关联企业破产案件的协调审理与管辖原则。多个关联企业成员均存在破产原因但不符合实质合并条件的，人民法院可根据相关主体的申请对多个破产程序进行协调审理，并可根据程序协调的需要，综合考虑破产案件审理的效率、破产申请的先后顺序、成员负债规模大小、核心控制企业住所地等因素，由共同的上级法院确定一家法院集中管辖。

39. 协调审理的法律后果。协调审理不消灭关联企业成员之间的债权债务关系，不对关联企业成员的财产进行合并，各关联企业成员的债权人仍以该企业成员财产为限依法获得清偿。但关联企业成员之间不当利用关联关系形成的债权，应当劣后于其他普通债权顺序清偿，且该劣后债权人不得就其他关联企业成员提供的特定财产优先受偿。

（二）实践中否定法人人格，判令股东对公司债务承担连带责任的案例：昆明闽某纸业有限责任公司等污染环境刑事附带民事公益诉讼案［云南省昆明市西山区人民法院（2021）云0112刑初752号］（最高人民法院指导性案例215号）

法院查明的事实如下。

昆明闽某纸业有限责任公司（以下简称闽某公司）生产经营活动造成生态环境损害的同时，其股东黄某海、黄某芬、黄某龙还存在如下行为：

1. 股东个人银行卡收公司应收资金共计124,642,613.1元，不作财务记载。

2. 将属于公司财产的9套房产（市值8,920,611元）记载于股东及股东配偶名下，由股东无偿占有。

3. 公司账簿与股东账簿不分，公司财产与股东财产、股东自身收益与公司盈利难以区分。闽某公司自案发后已全面停产，对公账户可用余额仅为18，261.05元。

法院认为：

由于闽某公司自成立伊始即与股东黄某海、黄某芬、黄某龙之间存在大量、频繁的资金往来，且三人均有对公司财产的无偿占有，与闽某公司已构成人格高度混同，可以认定属《中华人民共和国公司法》第20条第3款规定的股东滥用公司法人独立地位和股东有限责任的行为。现闽某公司所应负担的环境侵权债务合计10，944，521元，远高于闽某公司注册资本1，000，000元，且闽某公司自案发后已全面停产，对公账户可用余额仅为18，261.05元。上述事实表明黄某海、黄某芬、黄某龙与闽某公司的高度人格混同已使闽某公司失去清偿其环境侵权债务的能力，闽某公司难以履行其应当承担的生态环境损害赔偿义务，符合《公司法》第20条第3款规定的股东承担连带责任之要件，黄某海、黄某芬、黄某龙应对闽某公司的环境侵权债务承担连带责任。

第十章

做个成功的股东：不同身份股东的特别关注事项

CHAPTER 10

对于股东来说，达到成功投资的目标，除了需要关注前文所述的共性问题外，属于不同身份股东的细节也不可忽略。如前文所述，股东这个群体可以有多种分类方法。从实践角度讲，本书关注最常见的股东类型，包括自然人股东、机构股东中的财务投资人、国有企业等，并针对他们所关心的问题作些整理。

（一）自然人股东：股权继承、公司股权与夫妻共同财产/共同债务以及自然人破产

1. 股权继承：自然人股东面临的首要问题

（1）如何理解《公司法》第 90 条和第 167 条规定的股东资格可以继承？

①股权作为一项民事权利，首先具有财产属性和价值，包括按照持股比例获得股权分配、处置股权获得收益，以及在公司清算时获得剩余财产所有权。所以，对于自然人股东来说，股权必然是可以继承的财产权利。但是，不同于其他财产权利，股权同时具有人身属性，必须具有股东身份才可以享有。所以，我们理解《公司法》第 90 条和第 167 条规定的私公司可以继承的股东资格，既包括财产权利，也包括股东身份：自然人股东死亡后，其合法继承人可以继承股东资格；但是，有限责任公司和股份转让受限

的股份有限公司的章程另有规定的除外。

②承接上述，对那些公司章程约定不允许继承的公司来说，其不允许继承的也只能是股东身份，即自然人股东的继承人不能通过继承取得股东身份，而股权对应的财产权利部分当然是可以继承的。

这样就带来了两个问题：

一是公司最后一个自然人股东的股东身份如果不允许继承，公司就只能解散、清算；如果解散、注销不符合公司的意志，那到最后一个自然人股东的时候就只能是允许继承（《合法企业法》第75条规定有限合伙企业仅剩有限合伙人的应当解散同理）。

二是在不允许股权继承的情况下，若触发继承情形，须通过股权转让或者公司回购的方式将该股权的财产权益支付给继承人，同时终止其股东身份。

③对于约定股权可以继承的有限责任公司以及股份转让不受限的股份有限公司（非上市公司）的自然人股东来说，继承人可以通过继承直接取得公司的股东资格，包括通过修改公司章程、办理登记、变更股东名册等方式取得被继承人的股东身份（行使股权占有权），并按照公司章程的约定使用、收益和处分股权。

④上市公司股东触发继承情形的，处理就非常简单，继承人持继承手续到登记结算公司办理股票过户手续，即可完成股权继承。

（2）私公司股权继承实践中的问题——允许继承的情况下

由于股权的特殊性，在允许继承的情况下，除公众公司股权继承外，其他私公司的股权继承比《民法典》继承编规制的不涉及人身属性的单独财产继承要复杂得多。

①继承人之间就股权继承达成一致后要经过其他股东的同意、修改公司章程、公司出具出资证明后才可以成为股东，享有股东权利。是否存在其他股东不同意的情形？继承人之间达成一致的方案需要以何种方式提交公司？是否必须经过公证？

②如果多个继承人长期不能就继承方案达成一致怎么办？

③继承人不能与其他股东建立信任关系并达成一致怎么办？

④是否需要对被继承人进行一定条件的限制，如年龄、行为能力的要求等？

⑤被继承的股权上有权利行使限制的，如一致行动、股权质押，是否一并继承？

⑥股权被多个继承人分割后，如何与原股东建立新的股东关系和法人治理架构？

(3)股权继承中的实践问题——不允许继承的情况下

①被继承人股权退出的方式是其他股东受让还是公司回购？如果是股东受让，公司有多个股东的情况下，是大股东享有优先权还是全体股东同比例享有权利？

②如何定价？

③继承发生后，多长时间完成股权退出？

④如果继承人之间发生争议，导致继承股权迟迟无法完成，影响公司正常经营和其他股东利益，解决方案是什么？

⑤继承人与公司、其他股东发生争议的解决方案是什么？

⑥如果均不允许继承，到最后一个自然人股东是公司解散还是允许继承？这个意思表示应该由最后的股东作出还是自然人股东事先达成一致？

(4)家族企业公司传承中的股权继承问题

对于家族企业来说,如果存在多个继承人,股权继承方案需要根据公司的传承方案,综合考虑股权的占有、使用、收益和处分权的行使,尽最大努力达到公司持续经营和家庭成员团结的目标:

①从继承角度进行初始分配的股权要相对公平,否则会引发下一代之间的矛盾,不利于家庭成员团结,最终也自然不利于企业的持续经营;如果在股权继承安排前下一代已在公司参与经营活动了,可以适当多分,以体现公平;股权继承初始分配后,对于承接公司经营和管理活动的子女可以通过股权激励的方式增持股权,维护股东之间的动态平衡关系,既有利于公司,也有利于家庭成员团结。

②可以根据继承人的实际情况将股权的占有、使用、收益和处分权分离开来处理,如部分子女主观不愿意或者客观不方便实名登记股权,则可以不实名;表决权可以根据需要对外一致行动但对内单独行使或者委托其他继承人行使;处分权可以进行必要的限制,如不得转让给除家庭成员之外的其他人,不能对外提供担保,如欲转让只能转让给家庭成员的其他股东并约定价格;收益权则必须获得保障以及保障的措施;鼓励继承人之间就股权的行使按照自己的意愿协商作出安排。

③约定公司重大事项股东会权限、议事规则,以及表决意见不能达成一致的解决方案。

④约定公司僵局的解决方案。

⑤约定对承接公司经营管理活动的继承人行为在特定情形出现时进行必要限制,特定情形如公司持续亏损、会计师出具非标准审计意见以及其他超越公司经营红线的行为等。

⑥约定继承人获得的股权与公司法人治理架构衔接的方案。

⑦约定继承人获得的股权是否可以继承的问题，是否属于其夫妻共同财产的问题。

⑧其他基于公司文化需要强调的事项。

2. 公司股权与夫妻共同财产/共同债务

公司股权与夫妻共同财产是个实践中颇有争议的问题，因为股权既有财产属性，又有身份属性，涉及《公司法》和《民法典》婚姻家庭编竞合的问题，所以，处理起来非常复杂。经过这些年的司法实践和商事主体逐渐成熟，实践中逐步有了相对确定的意见，具体如下：

（1）夫妻一方作为公司股东，无论是否属于夫妻共同财产，配偶一方均不能主张股东权利的行使。

股权的身份权属性决定了股权的占有、使用和处分权只能由公司登记的股东行使，作为配偶的一方不能行使股东权利，如夫妻一方对外转让股权时另一方不能以股权转让未经其同意为由主张股权转让无效。如果一方名下的股权按照法律规定或者双方约定为夫妻共同财产，也仅限于股权对应的财产权益部分，即基于股权获得的分红、对外转让股权获得的经济利益等。

如果不属于夫妻共同财产，配偶一方更不能主张行使股东权利。

（2）无论是持有上市公司股权，还是非上市公司股权，配偶一方通过分割共同财产获得的公司股权的部分，既可以是完整的股权四项权能——占有、使用（表决）、收益、处分，也可以是其中的部分权能，如保留占有权、表决权不予分割，仅分割收益权和处分权；或者将表决权委托原股东一方行使等。涉及上市公司的，上市的部分应及时告知上市公司。

(3)持有上市公司转让受限的(包括法定限制和约定限制)股权的,如上市公司控股股东、实际控制人、持股5%以上的股东、股权激励获得的股权等,夫妻双方对该等股权进行分割时,仍然受上述限制的影响。

(4)公众股东持有的上市公司股权(股票)转让不受限,所以这部分股权虽然也具有身份属性,但并不突出,也不会因此影响公司或者其他股东的利益。因此,这部分股权分割起来简单,如果达成一致,双方可以直接到登记结算公司办理过户;如果无法达成一致,法院可以直接进行分割,双方持判决书、调解书都可以直接办理过户登记。

(5)按照有约定从约定的基本原则,夫妻一方持有的非上市公司股权可以约定及分割的情形见图10-1。

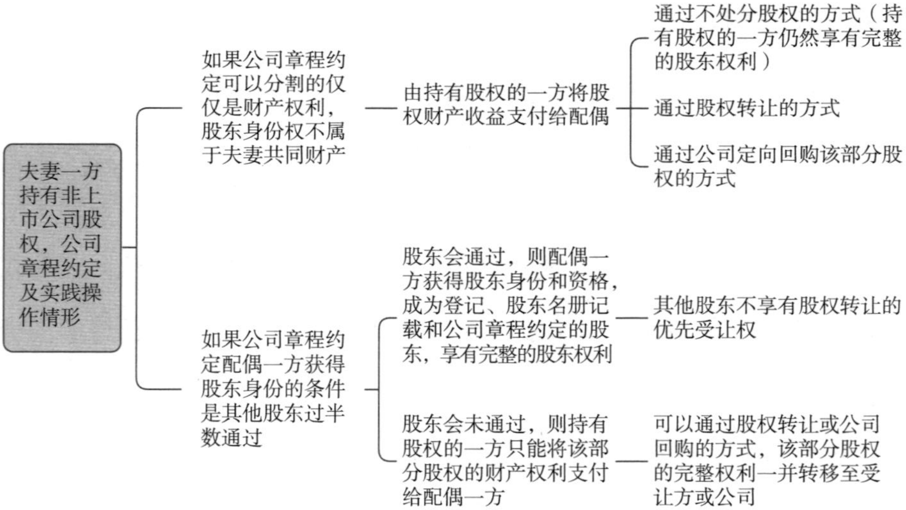

图10-1　夫妻一方持有非上市公司股权,公司章程约定及实践操作情形

(6)公司章程没有约定的情况下,对有限责任公司股权、个人独资企业股权以及合伙企业出资的分配,可以按照最高人民法院2020年12月29日发布的《关于适用〈中华人民共和国民法典〉婚姻家庭编的解释(一)》的规定处理：

第七十二条　夫妻双方分割共同财产中的股票、债券、投资基金份额等有价证券以及未上市股份有限公司股份时，协商不成或者按市价分配有困难的，人民法院可以根据数量按比例分配。

第七十三条　人民法院审理离婚案件，涉及分割夫妻共同财产中以一方名义在有限责任公司的出资额，另一方不是该公司股东的，按以下情形分别处理：

（一）夫妻双方协商一致将出资额部分或者全部转让给该股东的配偶，其他股东过半数同意，并且其他股东均明确表示放弃优先购买权的，该股东的配偶可以成为该公司股东；

（二）夫妻双方就出资额转让份额和转让价格等事项协商一致后，其他股东半数以上不同意转让，但愿意以同等条件购买该出资额的，人民法院可以对转让出资所得财产进行分割。其他股东半数以上不同意转让，也不愿意以同等条件购买该出资额的，视为其同意转让，该股东的配偶可以成为该公司股东。

用于证明前款规定的股东同意的证据，可以是股东会议材料，也可以是当事人通过其他合法途径取得的股东的书面声明材料。

第七十四条　人民法院审理离婚案件，涉及分割夫妻共同财产中以一方名义在合伙企业中的出资，另一方不是该企业合伙人的，当夫妻双方协商一致，将其合伙企业中的财产份额全部或者部分转让给对方时，按以下情形分别处理：

（一）其他合伙人一致同意的，该配偶依法取得合伙人地位；

（二）其他合伙人不同意转让，在同等条件下行使优先购买权的，可以对转让所得的财产进行分割；

（三）其他合伙人不同意转让，也不行使优先购买权，但同意该合伙人退伙或者削减部分财产份额的，可以对结算后的财产进行分割；

（四）其他合伙人既不同意转让，也不行使优先购买权，又不同意该合伙人退伙或者削减部分财产份额的，视为全体合伙人同意转让，该配偶依法取得合伙人地位。

第七十五条　夫妻以一方名义投资设立个人独资企业的，人民法院分割夫妻在该个人独资企业中的共同财产时，应当按照以下情形分别处理：

（一）一方主张经营该企业的，对企业资产进行评估后，由取得企业资产所有权一方给予另一方相应的补偿；

（二）双方均主张经营该企业的，在双方竞价基础上，由取得企业资产所有权的一方给予另一方相应的补偿；

（三）双方均不愿意经营该企业的，按照《中华人民共和国个人独资企业法》等有关规定办理。

（7）同上，公司股权与夫妻共同债务也是个实践中颇有争议的问题，处理起来也很复杂,我们先看一下法律规定以及司法判例,协助大家理解法律的基本原则。

①《民法典》第1064条规定:

> 夫妻双方共同签名或者夫妻一方事后追认等共同意思表示所负的债务,以及夫妻一方在婚姻关系存续期间以个人名义为家庭日常生活需要所负的债务,属于夫妻共同债务。
>
> 夫妻一方在婚姻关系存续期间以个人名义超出家庭日常生活需要所负的债务,不属于夫妻共同债务;但是,债权人能够证明该债务用于夫妻共同生活、共同生产经营或者基于夫妻双方共同意思表示的除外。

②最高人民法院《关于适用〈中华人民共和国民法典〉婚姻家庭编的解释(一)》规定:

> 第三十三条　债权人就一方婚前所负个人债务向债务人的配偶主张权利的,人民法院不予支持。但债权人能够证明所负债务用于婚后家庭共同生活的除外。
>
> 第三十四条　夫妻一方与第三人串通,虚构债务,第三人主张该债务为夫妻共同债务的,人民法院不予支持。
>
> 夫妻一方在从事赌博、吸毒等违法犯罪活动中所负债务,第三人主张该债务为夫妻共同债务的,人民法院不予支持。

第三十五条　当事人的离婚协议或者人民法院生效判决、裁定、调解书已经对夫妻财产分割问题作出处理的，债权人仍有权就夫妻共同债务向男女双方主张权利。

一方就夫妻共同债务承担清偿责任后，主张由另一方按照离婚协议或者人民法院的法律文书承担相应债务的，人民法院应予支持。

③以毛某、新疆某公司等合同纠纷民事二审民事判决书[（2024）新01民终3820号]为例，展示法院认定夫妻共同债务以及夫妻一方或双方担任股东，对公司债务承担连带责任的原则：

本案的争议焦点为：……第四，新疆某甲公司巴楚县分公司主张刘某对毛某的债务构成夫妻共同债务承担连带责任有无事实及法律依据；第五，新疆某甲公司巴楚县分公司主张新疆某公司与股东毛某、刘某人格混同，新疆某公司与毛某、刘某本案承担连带责任有无事实及法律依据。法院就上述两个问题作出了肯定的判决，即公司债务构成夫妻共同债务，公司与自然人股东（夫妻）人格混同，股东对公司债务承担连带责任。

摘录判决书说理部分内容如下：

本院认为：

……

第四，关于新疆某甲公司巴楚县分公司主张刘某对毛某的债务构成夫妻共同债务承担连带责任有无事实及法律依据的问题。毛某、刘某系夫妻关系。依照《中华人民共和国民法典》第1064条的规定，本案中新疆某甲公司巴楚县分公司向新疆某公司支付了劳务费170万元。毛某向新疆某甲公司巴楚县分公司出具的承诺书中载明挪用现金，从新疆某甲公司巴楚县分公司付至新疆某公司基本户。毛某出具涉案承诺书时即2021年2月2日，毛某持有新疆某公司80%股权，刘某持有20%股权。新疆某公司由毛某、刘某共同经营。本案诉争挪用的95万元支付至新疆某公司。故本案毛某出具承诺书的债务构成毛某、刘某夫妻共同生产经营产生的夫妻共同债务。一审法院认定毛某本案债务构成与刘某的夫妻共同债务并无不当，本院对此予以维持。

第五，关于新疆某甲公司巴楚县分公司主张新疆某公司与股东毛某、刘某人格混同，新疆某公司与毛某、刘某本案承担连带责任有无事实及法律依据的问题。依照最高人民法院《关于适用〈中华人民共和国公司法〉时间效力的若干规定》第1条第2款“公司法施行前的法律事实引起的民事纠纷案件，当时的法律、司法解释有规定的，适用当时的法律、司法解释的规定，但是适用公司法更有利于实现其立法目的，适用公司法的规定”的规定，本案法律事实发生在《公司法》（2023年修订）施行之前，依法适用当时的法律、司法解释的规定。

1.《公司法》(2018 年修正)第 63 条的规定虽系股东对公司债务承担连带责任,但目前司法实践中,在股东与公司人格混同的情形下,公司亦可对股东债务承担连带责任。

2.《公司法》(2018 年修正)第 57 条第 2 款规定:“本法所称一人有限责任公司,是指只有一个自然人股东或者一个法人股东的有限责任公司。”本案中,新疆某公司虽系毛某、刘某两人出资成立的,但毛某、刘某为夫妻,新疆某公司设立于双方婚姻存续期间。夫妻在婚姻存续期间所得财产除法定情形外,归夫妻共同所有。据此可以认定,新疆某公司的全部股权应归夫妻双方共有。新疆某公司的全部股权实质源于同一财产权,并为一个所有权所共同享有和支配,该股权主体实质上具有利益的一致性和实质的单一性。

另外,一人有限责任公司区别于普通有限责任公司的特别规定在于《公司法》(2018 年修正)第 63 条,该条规定:“一人有限责任公司的股东不能证明公司财产独立于股东自己的财产的,应当对公司债务承担连带责任。”也就是说,一人有限责任公司的法人人格否认适用举证责任倒置规则。之所以如此规定,是因为一人有限责任公司只有一个股东,缺乏社团性和相应的公司机关,没有分权制衡的内部治理结构,缺乏内部监督。股东既是所有者,又是管理者,个人财产和公司财产极易混同,极易损害公司债权人利益。故通过举证责任倒置,强化一人有限责任公司的财产独立性,从而加强对债权人的保护。

本案新疆某公司由毛某、刘某夫妻二人在婚姻关系存续期间设立,公司资产归其二人共同所有,双方利益具有高度一致性,亦亦难以形成有效的内部监督,毛某、刘某均实际参与新疆某公司的管理经营,夫妻其他共同财产与新疆某公司财产亦容易混同,从而损害债权人利益。在此情况下,应参照《公司法》(2018 年修正)第 63 条的规定,将公司财产独立于股东自身财产的举证责任分配给股东毛某、刘某。

综上,新疆某公司与一人有限责任公司在主体构成和规范适用上具有高度相似性,一审法院认定新疆某公司系实质意义上的一人有限责任公司并无不当。一审法院判令新疆某公司对毛某、刘某债务承担连带给付责任亦无不当,本院对此予以维持。

(8)我们的建议:如何处理好公司股权与夫妻共同财产这个棘手的问题?

①善意是基础。任何基于非善意的安排都很难达到当事人追求的法律效果。同时,还要遵循人性。

②合法是基本原则。公司股权与夫妻共同财产这个问题涉及《公司法》和《民法典》婚姻家庭编两部法律的竞合,需要同时遵守两部法律的规定。

简单来说,夫妻双方关于夫妻共同财产的约定属于双方意思自治,不影响其他人的利益,而关于股权的任何安排都将影响公司和其他股东、董监高以及公司债权人和员工的利益。如果是上市公司股东,影响的利益相关方更多。

所以,当二者发生冲突的时候,法律的本意显然是公司利益、更多人的利益优先。同股权继承,为防止未来的被动,我们建议股东们事先作出约定。

③一旦未来发生争议,按照有约定从约定的民商事行为原则,只要双方约定不违反法律的禁止性规定,司法实践中一般会按照双方约定处理。

如果在公司章程中明确约定自然人股东离婚时,配偶一方基于夫妻财产分割取得的股权仅限于财产权,即股东身份权不得归属于配偶,或者须经公司其他股东同意(过半数或者2/3以上多数或者全体股东同意)才可以获得股东资格,那么配偶一方就需要按照公司章程的约定行使除财产权之外的股东权利。

即使是上市公司,多数情况下,配偶一方在离婚时取得对方的公司股权也会将除收益权、处分权之外的股权使用权如参加股东会议行使表决权、股东会会议提案权、召集权、股东诉讼权和代位诉讼权都继续委托对方行使。

对于非家族企业的自然人股东共同创业的公司来说,我们一般建议作此约定,防止实践中因为一方股东婚姻关系出现变动而影响公司以及其他股东的利益。

④按照有约定从约定的原则,夫或妻一方也可以在结婚前或者婚姻关系存续期间约定股权是否属于共同财产,以及属于夫妻共同财产的情况下的财产分割原则。多数情况下,诉讼过程中这种约定能够得到法律的

支持。

⑤上市公司实际控制人、控股股东、董监高以及其他有股权限制的5%以上的股东股权分割时同样需注意转让受限问题、表决权问题、信息披露问题以及其他负担问题。

⑥对家族企业来说，我们建议作股权是否属于夫妻共同财产以及如何分配约定时与股权继承制度结合起来一并考虑，按照有利于公司持续经营和家族成员团结的原则，遵循人性、动态安排，以激发善意。

⑦从公司法角度讲，为维护股东有限责任和公司独立人格，我们建议作为公司股东的自然人在实践中牢牢把握这个界限，在有条件的情况下，将公司资产与股东个人家庭资产分割开来，建立公司资产与股东个人和家庭资产的防火墙，免受否定公司法人人格以及为公司债务承担连带责任的危险。

3. 自然人破产

从自然人股东角度讲，公司股东可能会因为下列情形而承担高额法律责任，但因无力承担而被法院采取失信、限高措施：

(1)未按期足额履行高额出资义务，需承担补缴出资或对公司/债权人的赔偿责任；

(2)为公司提供担保，在公司未清偿债务时需承担担保责任；

(3)因滥用股东有限责任和公司独立法人地位被法院“揭开公司面纱”，否定公司独立法人人格而对公司债务承担无限连带责任；

(4)因滥用股东权利损害公司、其他股东以及公司债权人利益被责令承担高额侵权赔偿责任等。

如果没有个人破产保护制度,就无法恢复个人信用,作为公司法基石的股东有限责任也会缺乏一个有力的支撑。所以,这是自然人股东需要关注的大事。但是,我国目前只有 2007 年 6 月 1 日起施行的《企业破产法》,尚未推出个人破产法,也就没有成熟的个人破产制度。当然,最近几年来,我们已经开始对个人破产制度进行积极探索,出台了《深圳经济特区个人破产条例》,2021 年 3 月 1 日起在深圳经济特区进行试点,在此整理该条例的主要内容供大家参考(见图 10－2、图 10－3 和图 10－4)。

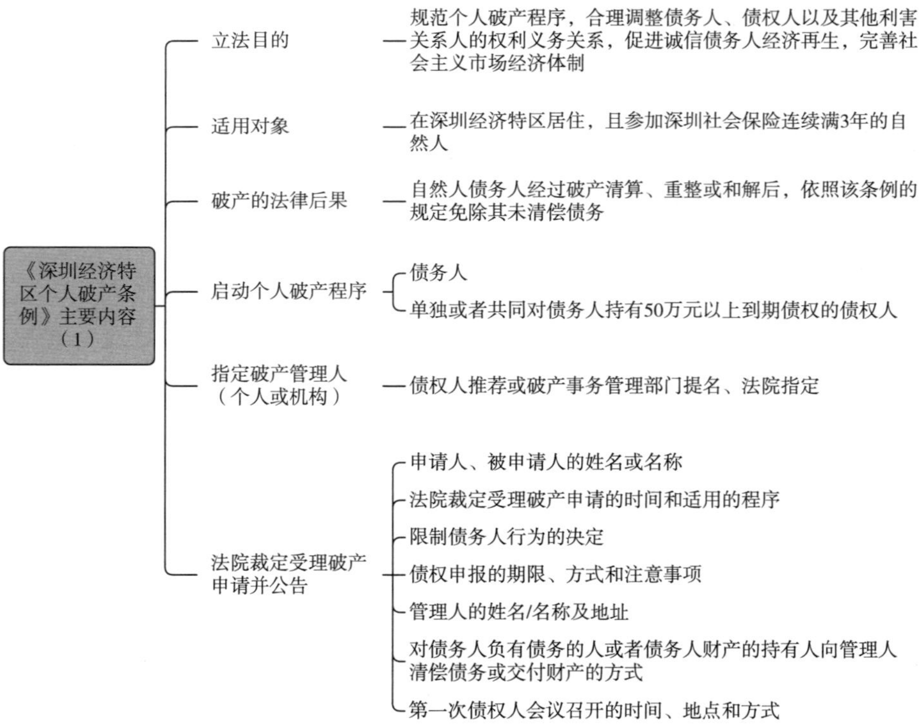

图 10－2 《深圳经济特区个人破产条例》主要内容(1)

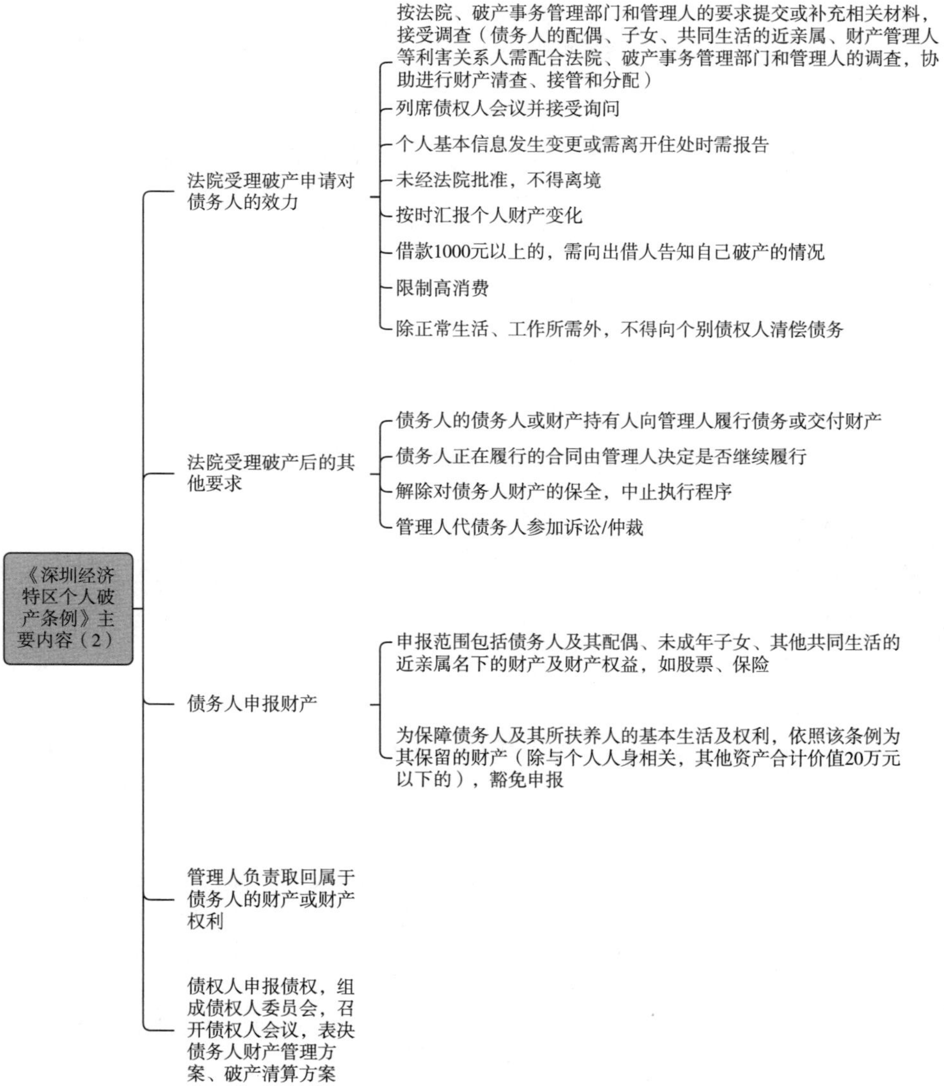

图 10－3 《深圳经济特区个人破产条例》主要内容(2)

- 《深圳经济特区个人破产条例》主要内容（3）
  - 符合破产条件的，法院裁定债务人破产并公告
    - 裁定前债务人偿还债务或者第三人代债务人偿还债务，破产程序终结
    - 管理人处置破产财产
  - 破产财产清偿顺序
    - 优先清偿破产费用和共益债务（法院受理破产申请后债务人发生的债务）
    - 赡养费、抚养费、扶养费、人身损害赔偿等
    - 债务人雇用人工费用
    - 税款
    - 普通破产债权
    - 因违法或犯罪所欠的罚金
  - 对债务人的影响
    - 自法院宣告债务人破产至免除债务人未清偿债务之日，债务人不得担任上市公司/非上市公司/金融机构的董监高
    - 自法院宣告债务人破产之日起3年，为免除债务人未清偿债务的考察期限。债务人违反在此期间的限制性行为的，法院可以延长两年考察期
    - 每月申报个人收入
    - 申请免除债务
  - 不得免除的债务
    - 前述破产清偿顺序中的第一、二、三、四、六项不得免除
    - 发生故意违反法律法规或该条例规定的行为时不得免除
  - 重整与和解
    - 债务人有未来可预期收入，可以向法院申请重整，重整计划经债权人表决通过后，法院批准并执行，执行完毕后债务人可以向法院申请免除未清偿的债务；重整计划执行不能的，法院裁定破产
    - 债务人与债权人达成和解方案的，法院审查认可后作出裁定终结和解程序
  - 简易程序
    - 适用于债权债务关系明确、债务人财产状况清楚、案情简单的案件

图 10－4　《深圳经济特区个人破产条例》主要内容(3)

(二)机构股东:投后管理

按照《民法典》的规定,可以对外投资成为机构股东的包括法人中的营利法人(有限责任公司和股份有限公司)、非营利法人(事业单位、社会团体、基金会等)、特别法人(机关法人、农村集体经济组织等),以及非法人中的合伙企业。与自然人直接持股相比,机构股东在股东权利的行使和股东义务的承担上有些需要特别关注的事项。对于机构股东来说,公司就是它的子公司,包括全资子公司、控股子公司和参股子公司。

1. 机构股东行使股东权利前需要先在机构内部达成一致形成决议

(1)新设公司,是公司独资还是与其他自然人或者法人合作?股权结构、公司章程的重要事项如何约定?股东会/董事会等法人治理架构的搭建以及公司初创阶段需要讨论和完成的事项如何处理?

(2)股东权利的行使,包括对子公司股东会/董事会授权激励和约束事项、任免董事/监事、决定董事/监事的报酬、接受董事会/监事会工作报告、决定公司的利润分配、增减注册资本、变更公司组织形式、分立/合并/解散等需要由股东决定的重大事项。

(3)与其他股东关系的动态调整,包括控股子公司转全资子公司或参股子公司,参股公司股权退出或者转控股子公司,全资子公司转控股子公司,以及与股东关系动态调整对应的法人治理架构的调整和搭建。

(4)决定子公司重大战略,如是否进入资本市场、是否实施并购等。

(5)针对投资金额、投资领域的权限划分,可由机构内部根据治理规则决定归属，既可以赋予股东会，也可以赋予董事会或经理层。

2. 投资决策和子公司股权管理工作的主要内容

说到底，对于机构股东来说，决定投资项目和对子公司的股权管理无非是解决公司在投前、投中、投后三个阶段的工作内容。

（1）投前阶段：公司要不要投资该项目？如何把项目投资的可行性分析工作做实做细？要确保在投资层面作出正确的决策。

（2）投中阶段：如果决定投资，过程中如何管理、防止风险，确保正确决策？是采用全资还是控股或者参股方式？如非全资，如何实施对交易对方的尽调，如何与对方建立有效的股东沟通机制，如何在商务合同中科学配置各方权利义务，以确保投资目标能够实现？

（3）投后阶段：如果已经完成投资，那么投后股东要有所为、有所不为，子公司的哪些事需要机构股东参与和决策？对于属于子公司股权管理范畴内的事，应该如何管理？疏于管理会不了解子公司的实际情况，错失决策机会，最后股东承担投资失败的法律后果；管理过于严格会影响子公司管理团队的积极性，更严重的情况下可能影响子公司的独立法人地位，并最终使股东承担有限责任失败的法律后果。对非全资子公司来说，还要注意和其他股东的关系处理问题，如何在股东层面建立信任关系、形成合力，都是技术活。

机构股东对外投资决策阶段和投后管理两个阶段的主要管理事项，如图 10－5 所示。

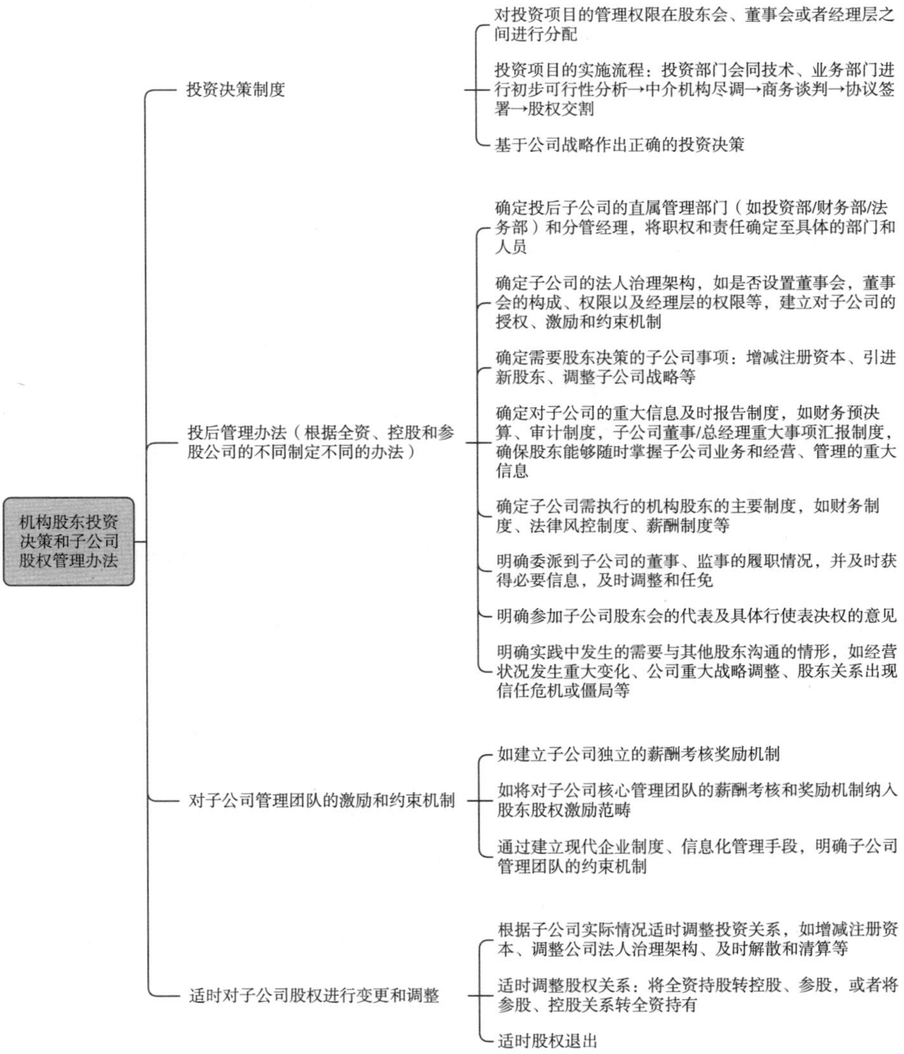

图 10－5　机构股东投资决策和子公司股权管理办法

3. 实践中机构股东在股权管理方面的常见错误

（1）决定投资环节决策错误。

（2）疏于履行出资义务，导致子公司经营失败或者与其他股东合作失败或者被债权人追责。

(3)投后疏于管理、没人管、管得过于粗疏,不能及时发现子公司业务、经营和管理中出现的重大问题,例如:董事管理层没有全面履行对公司忠实、勤勉的义务,在外从事和公司有竞争性的业务;公司薪酬架构不合理,团队没有积极性;公司行业发生重大变化,原定的产品设计和规划应予调整;等等。由于这些信息没有被及时反馈到股东层面,股东会层面制定的正确决策无法在子公司层面得到全面实施,没有发挥股东的监督职能,最终导致投资失败,公司股权投资归零。

(4)投后没有统一和相对稳定的对子公司管理办法,导致子公司意志不稳定,关键时刻作出错误决策,导致投资失败。

(5)投后将子公司视同公司车间、部门、分公司,导致子公司与母公司人格混同、子公司被过度支配与控制或者资本显著不足而被否定法人人格,母公司对子公司债务承担连带责任。机构股东可以要求全资子公司每月上报财务报表,子公司执行集团主要工作制度,子公司主要负责人可以参加集团的月度会议,大家一起讨论战略和工作计划,但是对控股子公司是否可以这样要求?如果控股股东如此要求,小股东怎么看?子公司独立的法人意志如何形成?公司机构、人员、业务、财务以及产供销的独立如何保障?

(6)没有及时发现子公司业务和经营数据异常、调整公司委派的董事/监事、把握股权及时退出或者提议及时解散等机会,从而错过时机导致投资失败。

4. 从四川某集团有限公司与中铁某公司等损害公司利益责任纠纷民事二审案[(2021)川民终1062号]看机构股东如何行使股东权利

该案一审的争议焦点为:(1)合资公司是否是按照甲方公司(持股

60%）的指示撤回对第三方的起诉并与之达成清算协议；（2）若是，甲方公司是否应当向合资公司承担赔偿责任。

一审法院认为：

关于合资公司是不是按照甲方公司的指示撤回对第三方的起诉并与之达成清算协议的问题。首先，根据查明的事实……甲方公司抗辩其未指示合资公司撤诉；合资公司陈述系基于自身的商业判断撤回起诉。但在合资公司已经形成董事会决议，未实现基础代理目标之前，未经董事会一致同意不得撤诉的情况下，合资公司若基于自身的商业判断撤回起诉，应当就撤回起诉召开董事会，但并未就此召开董事会进行讨论，且作为股东的乙方公司并不认可撤回起诉，则就合资公司撤回起诉，公司董事会并未达成一致意见。

合资公司向四川省高级人民法院提交的延期审理申请书、撤诉申请书均加盖了公司印章，根据合资公司的印章使用登记簿，合资公司员工使用印章，需经总经理、法定代表人批准。结合合资公司陈述其撤回起诉是基于自身的商业判断，且提交的撤诉申请书经过了正常的批准流程，则合资公司撤回起诉系经过了董事长的批准。董事长系甲方公司委派至合资公司的，同时担任合资公司总经理、法定代表人，代表甲方公司在合资公司行使相应的权利。综合上述事实，可以认定董事长系基于甲方公司的指示，在未经董事会一致同意的情况下，撤回对第三方公司的起诉。

关于甲方公司是否应当向合资公司承担赔偿责任的问题。

如前所述，甲方公司作为合资公司持股60%的股东，未按照2017年第一次董事会决议的意见，在董事会未一致同意的情况下，指示其委派至合资公司的总经理撤回对第三方的起诉并与之达成清算协议，放弃了资金占用利息、违约金，损害了合资公司的利益。合资公司在(2017)川民初122号案件中主张的逾期资金占用利息、违约金系该公司的预期利益，即公司损失。甲方公司应当向合资公司承担赔偿责任。

一审法院判决：(1)甲方公司赔偿合资公司损失4855余万元；(2)驳回乙方公司的其他诉讼请求。

甲乙双方均不服，提起上诉。

该案二审争议焦点为：甲方公司是否存在滥用股东权利侵害合资公司利益的行为，应否承担损害赔偿责任。

二审法院认为：

关于甲方公司是否存在滥用股东权利侵害合资公司利益的行为，应否承担损害赔偿责任。综合全案证据，能够认定合资公司董事长在(2017)川民初122号案件中撤回对第三方公司起诉并与之达成清算协议的行为系代表甲方公司利益的行为，甲方公司存在滥用股东权利侵害合资公司利益的行为，给合资公司造成了损失。依照《公司法》(2018年修正)第20条第2款"公司股东滥用股东权利给公司或者其他股东造成损失的，应当依法承担赔偿责任"的规定，甲方公司应当向合资公司赔偿相应损失。具体理由如下：

第一，从合资公司的股权和治理结构看，合资公司系由甲、乙双方按照60%和40%的持股比例设立的公司。作为经营决策和业务执行机构的董事会，5名成员中的3名系甲方公司委派，董事长由甲方公司委派的董事担任。总经理由甲方公司推荐，总经理担任法定代表人，甲方公司作为大股东对合资公司的运营、管理及决策具有重要影响力。董事长既是甲方公司推荐的董事，也由其担任合资公司总经理、法定代表人，负责公司印章。董事长作为甲方公司推荐的董事，在代表合资公司利益的同时，也代表甲方公司在合资公司中行使相应股东权利。

第二，合资公司2017年9月5日董事会决议内容清楚、明确，在未实现董事会确定的基础代理目标前，未经董事会一致同意，不得撤诉，董事长作为董事在决议上签字确认。(2017)川民初122号案件审理过程中，乙方公司于2018年6月14日向甲方公司、合资公司及其董事长发送的律师函内容表明乙方公司要求合资公司以2017年9月5日董事会决议确定的方案进行诉讼，甲方公司、合资公司并未作出任何回应。此后，合资公司在未另行召开董事会或通知公司股东的情况下，多次经董事长批准申请延期审理该案，并于2018年11月22日提交撤诉申请书，2018年12月19日签订清算协议。若撤诉行为系合资公司根据诉讼进展情况作出的商业判断，应该是按照公司法和公司章程相应程序形成新的决议的共同行为，但证据证明，撤诉行为系代表甲方公司利益的董事长在未经董事会或股东会决议的情况下的单方行为，甲方公司对此没有表示反对和作出处理，是对董事长提出撤诉申请行为的认可，且至今董事长仍系合资公司董事、法定代表人兼总经理。

2020年10月23日，合资公司召开董事会研究是否对甲方公司提起损害赔偿诉讼时，包括董事长在内的甲方公司委派的3名董事均持反对意见。据此，应当认定董事长代表合资公司批准实施的撤诉并与之达成清算协议的行为系代表甲方公司的行为，实质是对股东权利的滥用。

第三，董事长代表甲方公司实施的撤诉、签订清算协议的行为与合资公司2017年9月15日董事会决议内容相悖。

第四，合资公司实施的撤诉行为直接导致该公司放弃了诉讼程序继续进行可能获得的损害赔偿金，乙方公司因此受到的损害符合预期利益受到损害的基本原理。清算协议仅确认了合资公司的投资本金、资金成本和投资回报，该协议履行完毕后，双方的债权债务即已了结，合资公司无权再行主张。

二审裁判结果：

（1）撤销四川省成都市中级人民法院（2020）川01民初7935号民事判决。

（2）甲方公司向合资公司赔偿损失4219余万元（损失计算结果和一审不一致）。

（3）驳回乙方公司的其他诉讼请求。

(三)财务投资人和小股东:如何"搭好便车"?

从股东关系角度讲,财务投资人和小股东的本能是"搭便车",但是,搭好大股东这个"便车"需要一些智慧。

1. 财务投资人和小股东对公司的三大贡献

(1)第一贡献:市场经济条件下,财务投资人是一支鼓励投资、鼓励创业的积极力量。如果没有他们前期的投入、对创业者的支持和价值发现,鼓励创业者将想法转化为公司,为公司提供资金和资源甚至核心人员的支持,使公司能够顺利度过生存期和发展期,现在的诸多大公司可能不复存在。

(2)第二贡献:财务投资人和小股东对公司建立健全法人治理的贡献。尤其是财务投资人作为专业投资者,可以更好地发现投资项目当前存在的问题(如股东不按规定开会、不按时向其他股东通报业务和经营信息、重大事项决策不听取其他股东的意见、不按时分红、不建立现代企业制度以及不全面使用信息化工具、选用的董事高管不合适等),并以股东的身份对解决上述问题提出意见和建议,对大股东的不当行为说"不"。由于同为股东,财务投资人和小股东的这种意见和建议在很大程度上能够得到大股东、原股东的重视,久而久之,在小股东的监督和督促下(有时候财务投资人也亲自上阵,推荐合适的高管和中介机构),公司的法人治理水平确实能够得到实质性的改善和提高。这确实是机构投资者对公司的贡献,而这种有效的法人架构搭建起来并有效实施后,受益者自然是公司以及全体股东、董事高管和员工。

(3)第三贡献:没有小股东就没有股东有限责任,这是大股东对律师抱怨小股东“找事”“挑刺”时我经常作出的答复。是的，如果没有小股东，就意味着大股东要对公司经营成果承担全部责任，小股东的存在分散了风险，是股东有限责任的保护。

2. 财务投资人和小股东如何确保自己的投资收益？

在全球范围内存在经济下行趋势的今天，这个问题确实非常严重，除前期投资项目选择适当、投后管理精细、动作快、运气好之外，多数财务投资人的投资项目并没有如期实现投资收益，也没有如期实现股权退出。他们的股权投资被锁在标的公司，因标的公司陷入困境而一并陷入困境。

当然，这种情形的存在给财务投资人和小股东如何选择投资项目、精细投后管理都提了个醒，因为前面已有相应论述，所以不再赘述，我们换个角度就投后管理和股权退出环节提点意见和建议。

（1）投后管理上：小股东要有所为、有所不为，把财务投资人对公司法人治理方面的贡献做到实处，现代企业制度、有效的法人治理架构才是保障股东权利、公司持续增长的基础和制度支撑。

（2）投资条款设置上：要建立股东权利义务的平衡关系。当前投资的通行条款存在的“三高”问题即高估值、高业绩承诺、高回购风险前面均已谈到，这是在经济处于上行的态势、资金处于优势的状态下财务投资人与公司、公司原股东的权利义务关系，这种权利义务关系显然失衡。如果公司达不到承诺业绩或 3 年内上市的目标，财务投资人就要退出，而且退出的对价是一种债的计算方法（初始投资成本 +6% ~10% 不等的年固定收益）。换句话说，如果公司成功完成业绩承诺、实现上市，财务投资人的投资就是股权，否则就转换为债权。这种法律关系错配必然导致标的公司行为变形，所以，一旦经济下行，便是一地鸡毛。

更有甚者，财务投资人在投资协议中列明了诸多特殊股东权利条款：随售权、优先清算权、一票否决权等。这些特别股东权利是否可以要求？可以，但是要根据公司的实际情况，按照有利于公司和全体股东利益的原则设定，否则会使控股股东和管理团队无所适从，免不了实践中发生“绕道走”的情形。

所谓调整，还是要回到股东关系的实质。股东关系的实质是平等和信任，大股东承担了公司更多的义务和责任，如果以增资方式进行投资，钱进了公司的账户，最终公司发展成功将有利于公司以及全体股东的利益，大股东为公司业绩承担回购义务显然不当。那些偏离了股东平等关系的特殊权利更加剧了这种不平衡，为未来发生股东争议埋下了隐患。因为失衡的关系必然会引发矫正诉求，一旦法律关系失衡，产生争议便是早晚的事。

3. 财务投资人和小股东需要关注的股权退出条款

多年的实践中，我们同时担任标的公司和投资人的律师，经历了若干项目的投资和投后诉讼（从投资人与公司之间“如胶似漆的甜蜜”到“瞬间翻脸、你死我活的仇恨”），确实，财务投资人和小股东都需要关注的条款就是股权退出。但是，目前的公司上市这种单一的退出渠道显然过于急功近利，不解决根本问题。那么，能够解决问题的股权退出条款是什么？

我们建议如下：

（1）用好《公司法》规定的异议股东回购请求权：有限责任公司在公司具备分红条件但连续5年不分红，公司营业期满决定继续运营，公司合并、分立或转让公司主要资产，以及控股股东严重滥用股东权利损害公司或股东利益的情形下，可以要求公司回购股权。

小股东在上述情形下，行使回购请求权。

(2)增加股权退出的约定情形(既可以是公司回购,也可以是原股东收购),如公司连续两年不分红、逾期一年不开股东会/董事会、控股股东未按照约定的时间和方式处理与公司之间的关联交易和同业竞争等,都可以作为股权退出的条件,对于"有约定从约定""尊重公司和股东自治"的公司法领域争议解决原则来说,如果发生争议,股东之间的这些约定一般能够得到法律的支持。

(3)明确约定股权退出的价格及计算方式、股权退出的方式(大股东收购还是公司回购)、股权退出的时间等操作细节,防止股权退出情形发生后实际操作无法进行。

4. 精细投后管理,方得实现投资收益、防止投资失败

改革开放后数十年,对于财务投资人和风险投资机构来说,确实是一个迅猛发展的黄金时期。随着市场经济的发展,前期的简单、粗放型投后管理显然无法完成投资目标,因此,必然进入一个精细化、集约化的投后管理阶段。对于财务投资人来说,建立自己的有效法人治理架构,与建立对管理团队的授权、激励和约束机制同样重要。

(四)优先股:国有股东可以试用的制度

国有企业作为股东除要遵守《公司法》《证券法》《企业破产法》等商事法律外,还要遵守《企业国有资产法》以及国务院、国资委关于国有资产管理方面的行政法规和部门规章,履行国有资产管理特有的评估、进场交易、各级国资委以及地方和中央政府审批等制度,在股东义务承担和权利行使上确实存在天然的困难。而且,其要承担国有资产保值增值的任务,这也

给公司股东关系处理和法人治理建设带来了难度。这是国有企业作为股东无法回避的现实。国有独资企业和国有控股企业的股权行使和国有资产管理方面的规定在此不展开论述。

在此我想跟大家交流一下国有公司的股东权利行使问题,在除国防、军工、交通、供应水/电/气等公用事业领域外的一般竞争领域,如食品、药品、汽车、贸易、建筑等领域,国有参股公司股东可以优先股的制度架构建立与其他股东的关系。优先股是一种类别股,区别于普通股东,拥有优先股的股东不享有普通股东的股权表决权,但获得了优先于其他普通股东以固定的股息取得股权收益的利益。

1. 为什么要推行优先股?

(1)推行优先股的原因之一:国有股权行使过程中的实际困难

为完成法律规定的国有资产管理目标,各级政府和国资委不得不发布系列关于国有股权行使、国有资产管理的流程要求,这必然给国有股权代表行使表决权带来了实际困难:

一是企业的董事、经理层在行使表决权之前需要履行严格的审批程序,待上级部门/机构审批意见确定后方可在公司明确表示。

二是时间长,一般涉及国有资产审批的事项需要 3 ~ 6 个月的时间。

三是严格的追责机制和决策错误的风险增加了决策人员在行使决策权时的顾虑。①

(2)推行优先股的原因之二:民营资本参与国有企业混改存在的顾虑

关于混改的实质,我们在很多场合见到这样的表述,即"混的是资本、

① 2024 年 12 月 11 日,上海市国资委发布《市国资委监管企业私募股权投资基金考核评价及尽职免责试行办法》,对私募股权投资领域考核评价制度作了积极的探索。

改的是机制”，也就是说，对于充分竞争行业和领域的企业来说，通过国资与民营资本的混合，借助民营经济的机制，改善和提高国有企业的机制和活力，才是混改的初衷。但最近一段时间以来，我们也看到了大量国有资本与国有资本进行股权合作的案例，包括央企与央企之间、央企与地方国有企业之间以及地方国有企业之间进行股权合作。

民营资本迟迟不敢迈出参与国有资产混改的实质性步伐的主要原因是什么？实践中我们发现，民营企业家对于参与国有企业混改确实有顾虑，即如何与不同思维模式下的国有股权出资人代表进行协商，如何更好地与国有资本合作是个不小的难题。

2. 优先股的法律特点

优先股是公司法上的概念，相对于普通股而言，是指持有该部分股票的股东所享有的股东权利不同于其他普通股股东。简单地说，持有优先股的股东以放弃部分表决权的对价获得优先分配公司利润和剩余财产的权利。从法理上讲，股东权利属于民事权利，因此，股东权利可以全部行使，也可以部分行使，可以独立行使，也可以委托他人行使，这种股东权利行使方面的安排经股东之间达成一致且不违背法律的禁止性规定即可实施，实施的方式可以通过股东协议或公司章程约定。关于优先股的立法基础，《公司法》《证券法》等法律都给予了原则性支持。

自优先股制度最早推出至今，优先股股东的权利范围和界定均没有发生实质性变化。

根据国务院《关于开展优先股试点的指导意见》（国发〔2013〕46 号）的规定，介绍优先股的几个主要法律特点如下：

（一）优先股的含义。优先股是指依照公司法，在一般规定的普通种类股份之外，另行规定的其他种类股份，其股份持有人优先于普通股股东分配公司利润和剩余财产，但参与公司决策管理等权利受到限制。

……

（二）优先分配利润。优先股股东按照约定的票面股息率，优先于普通股股东分配公司利润。公司应当以现金的形式向优先股股东支付股息，在完全支付约定的股息之前，不得向普通股股东分配利润。

……

（三）优先分配剩余财产。公司因解散、破产等原因进行清算时，公司财产在按照公司法和破产法有关规定进行清偿后的剩余财产，应当优先向优先股股东支付未派发的股息和公司章程约定的清算金额，不足以支付的按照优先股股东持股比例分配。

……

（五）表决权限制。除以下情况外，优先股股东不出席股东大会会议，所持股份没有表决权：(1)修改公司章程中与优先股相关的内容；(2)一次或累计减少公司注册资本超过百分之十；(3)公司合并、分立、解散或变更公司形式；(4)发行优先股；(5)公司章程规定的其他情形。上述事项的决议，除须经出席会议的普通股股东（含表决权恢复的优先股股东）所持表决权的三分之二以上通过之外，还须经出席会议的优先股股东（不含表决权恢复的优先股股东）所持表决权的三分之二以上通过。

（六）表决权恢复。公司累计3个会计年度或连续2个会计年度未按约定支付优先股股息的，优先股股东有权出席股东大会，每股优先股股份享有公司章程规定的表决权。对于股息可累积到下一会计年度的优先股，表决权恢复直至公司全额支付所欠股息。对于股息不可累积的优先股，表决权恢复直至公司全额支付当年股息。公司章程可规定优先股表决权恢复的其他情形。

3. 优先股制度在国内外的发展与实施情况

优先股发源于美国市场，在美国有近百年的历史，但总体规模不大。最近一次优先股制度大规模实施是在2008年10月美国发生金融危机时，为提振股票市场信息，美国政府宣布用1250亿美元购入花旗银行、摩根大通等9家主要银行发行的优先股股票，从而成功救市。

国内首次出现优先股概念的法律文件是在1993年《公司法》发布之前。1992年5月15日，当时的国家经济体制改革委员会发布了《股份有限公司规范意见》。该意见第23条第1款规定："公司设置普通股，并可设置优先股。"第24条规定："公司的股份按投资主体分为国家股、法人股、个人股和外资股……国家股一般应为普通股……"

2013年11月30日，国务院发布《关于开展优先股试点的指导意见》（国发〔2013〕46号），决定在中国证监会规定的上市公司中试点公开发行优先股，以及在上市公司（含注册地在境内的境外上市公司）和非上市公众公司中试点非公开发行优先股。目标是进一步深化企业股份制改革，为发行人提供灵活的直接融资工具，优化企业财务结构，推动企业兼并重组；丰富证券品种，为投资者提供多元化的投资渠道，提高直接融资比重，促进资本市场稳定发展。

2014 年 3 月 21 日，中国证监会发布《优先股试点管理办法》，明确规定允许上市公司发行优先股，允许非上市公众公司非公开发行优先股。

针对国有企业改革中试行优先股的问题，2015 年 8 月 24 日发布的中共中央、国务院《关于深化国有企业改革的指导意见》明确提出："允许将部分国有资本转化为优先股，在少数特定领域探索建立国家特殊管理股制度。"

从优先股实践来看，此前国内的优先股发行主体多为银行，最近两年非银行上市公司开始发行优先股，如 2023 年 11 月 21 日，五矿资本（600390）按照 100 元/股的价格，非公开发行 2000 万股优先股，初始票面股息率为 4.7%。2024 年 8 月 12 日，九州通（600998）按照 100 元/股的发行价格，非公开发行 1790 万股优先股，初始票面股息率为 5%。

2023 年 2 月 12 日，吉利汽车（香港上市公司）公告，其与极氪和五名投资者订立购股协议，极氪向投资者发行及配发共 139,375,669 股 A 系列优先股，总代价 750,000,000 美元（折合约人民币 5,091,300,000 元）。

（五）上市公司：将投资和子公司管理、信息披露等制度落到实处

从法人治理角度看，中国证监会和各证券交易所对上市公司对外投资事项的决策权限以及信息披露义务有相对严格的规定，上市公司都制定了严格的投资管理办法和子公司股权管理办法、控股子公司管理制度等文件，所以，我们无须担心制度有无这个问题。

那么，上市公司作为股东，在投资项目和子公司管理实践中需关注的

是如何将上述投资管理制度、子公司管理办法落到实处的问题。这就涉及公司法人治理架构搭建以及是否有效实施的问题。鉴于前面已有论述,此处不再赘述。

(六)控股股东、上市公司控股股东以及国有控股上市公司股东:承担更多的股东义务和责任

1. 控股股东对公司和其他股东负有诚信义务。在股东关系平等的基础上,控股股东承担更多的义务和责任,概括表述为控股股东对公司、其他股东负有诚信义务(2023 年《公司法》修订,实质性加大了控股股东和实际控制人的义务和责任),具体表现为:

(1)《公司法》第 15 条规定,公司为公司股东或者实际控制人提供担保的,应当经股东会决议。实际控制人支配的股东应当回避表决。该项表决由出席会议的其他股东所持表决权的过半数通过。

(2)《公司法》第 21 条规定,公司股东应当遵守法律、行政法规和公司章程,依法行使股东权利,不得滥用股东权利损害公司或者其他股东的利益。公司股东滥用股东权利给公司或者其他股东造成损失的,应当承担赔偿责任。

(3)《公司法》第 22 条规定,控股股东、实际控制人、董监高不得利用关联关系损害公司利益。

(4)《公司法》第 23 条规定了"横向/纵向揭开公司面纱",否定公司独立法人人格,要求股东为公司债务承担责任,公司股东滥用公司法人独立地位和股东有限责任,逃避债务,严重损害公司债权人利益的,应当对公司

债务承担连带责任。股东利用其控制的两个以上公司实施上述规定行为的,各公司应当对任一公司的债务承担连带责任。只有一个股东的公司,股东不能证明公司财产独立于股东自己的财产的,应当对公司债务承担连带责任。

(5)《公司法》第89条第3款规定了在(有限责任公司)控股股东滥用股东权利,严重损害公司或者其他股东利益的情况下,其他股东有权要求公司回购其股权。

(6)《公司法》第180条规定,"事实董事"(公司的控股股东、实际控制人不担任公司董事但实际执行公司事务的)需承担对公司忠实和勤勉的义务。

(7)《公司法》第192条规定,公司的控股股东、实际控制人指使董事、高级管理人员从事损害公司或者股东利益的行为的,与该董事、高级管理人员承担连带责任。

(8)除上述法律规定的义务和责任外,控股股东和实际控制人作为公司执行董事或者控制董事会多数席位的一方,承担搭建公司法人治理架构、建设现代企业制度以及维护其他股东权益实现的主要义务:包括依照法律和公司章程约定及时召集、召开董事会和股东会并形成公司决议,建立股东会对董事会和经理层的授权、激励和约束机制并令其有效运行,及时向其他股东通报公司业务和经营基本情况,维护其他股东的知情权的实现,采取一切必要措施提高公司核心竞争力和盈利能力,确保股东投资收益权的实现,以及在公司符合解散的情况下及时组成清算组进行清算等。

2. 从最高人民法院(2012)民四终字第15号民事判决书看司法实践中判决控股股东和实际控制人滥用股东权利损害公司利益和股东利益承担

侵权责任的情形：这是一个非常复杂的案件，该案焦点为持有公司50%的股权的股东李某某在体外设立公司，通过招拍挂手续获得原公司700亩土地使用权的行为，是否属于利用职务便利谋取了属于公司的商业机会，是否应当对此向公司和其他股东承担赔偿责任。对此，一审、二审法院作出了完全相反的判决。大家有时间、有兴趣可以查找完整案件资料。

3. 控股股东滥用股东权利最严厉的后果是“揭开公司面纱”，否定公司独立法人人格，判令股东对公司的债务承担连带责任，前面已有论述，此处不再赘述。

4. 上市公司控股股东行为规范。上市公司控股股东依法行使股东权利、全面履行义务除要遵守公司法相关规定外，还要遵守证券法、国务院行政法规、中国证监会部门规章以及各证券交易所自律监管规范的要求。如前文图6－10所示，上市公司控股股东需承担更多的义务与责任，如果违反法定义务将承担更严厉的法律后果，包括中国证监会的行政责任、各证券交易所的自律监管责任。其对公众股东承担证券民事赔偿责任以及刑事责任的案例也屡见不鲜，在此不展开论述。

对于上市公司来说，控股股东和实际控制人承担了更多的义务和责任。至少对于民营企业而言，股东与董监高不一定“一荣俱荣”，但一定是“一损俱损”。在任何法律风险面前，控股股东与公司主要董事高管（如财务总监、董秘等）都是紧密连在一起的。

对国有控股上市公司来说，除要遵守《公司法》和《证券法》、国务院关于证券市场监管的行政法规、中国证监会部门规章、各证券交易所的规定外，还要遵守国有资产监督管理方面的规定。在这样复杂、严格的外部法律环境下，其还要实现投资收益，保障国有资产的增值和保值，的确是件困难的事情，这对国有控股上市公司的股东——中央和地方各级政府、国资委、国资平台公司提出了特别高的要求。

（七）外资股东：应对《外商投资法》带来的挑战

2020 年 1 月 1 日起，规制外国投资者（自然人、法人以及其他组织）的《外商投资法》施行，替代此前的三部外资企业法。1979 年 7 月 8 日起实施的《中外合资经营企业法》、1986 年 4 月 12 日发布并施行的《外资企业法》、1988 年 4 月 13 日发布并实施的《中外合作经营企业法》同时废止。

作为对外开放的基础，运行了数十年的三部外资企业法对于引进外国投资者的资金、技术、人才和企业管理制度发挥了重大的作用。随着 2020 年 1 月 1 日的到来，外资股东也完成了“从身份到契约”的历程，这意味着外国投资者作为股东也需要被统一到公司法的管理架构中，按照公司法的要求设立、运营、登记，并建立现代企业制度。

实践中存在的问题是当年的那些“假外资”股东需要在过渡期内完成身份的调整，否则可能无法完成股东身份登记，后续股东权利行使也会存在障碍，甚至可能出现合资公司没有办法将分红支付给股东的情况。

（八）合伙企业：精细管理

实践中，私募股权投资中的财务投资人和股权激励往往采取合伙企业持股的方式，一方面获得税收的便利（我们注意到，目前新三板挂牌企业给予的股东分红税收便利并不及于合伙企业,所以,相对于自然人直接持股,这种"税收便利"又成了"不便利"),另一方面也解决股东人数众多带来的管理便利的问题。就合伙企业持股而言,合伙企业作为公司股东,在内部组织机构设置、合伙企业运营规则以及合伙人权利义务配置上过于粗疏,很多问题约定不明确。

1. 合伙企业内部决策机制的设立。例如,合伙企业以股东身份参加所投资的公司的股东会议,如何行使表决权?如何在行使表决权之前在合伙企业内部形成决议?内部决议是按照合伙人数量还是合伙人所持有的合伙份额进行表决?如果实际出资的合伙人并不享有表决权,一旦发生损害合伙人利益的情形,将无法救济。

关于合伙企业的表决机制,《合伙企业法》第 30 条规定合伙协议未约定或者约定不明确的,实行合伙人一人一票并经全体合伙人过半数通过的表决办法。

2. 有限合伙企业的普通合伙人权限过大。事实上对于单纯的以股权投资为目的的有限合伙企业来说,如果已经履行了对公司的出资义务,合伙企业对外可能承担的法律风险和责任不大。但是我们在实践中给普通合伙人几乎配置了决议合伙企业所有事项的权利,而与该等权利对应的义务约定却不明确,权利义务配置的不平衡也是未来的隐患。一旦普通合伙人发生变故,就可能导致合伙企业僵局。

3. 作为股权激励平台的合伙企业与公司管理制度之间的衔接。存在对合伙人持有合伙人份额的限售和处分机制不合理的情况,实践中也会发生大量的高管与公司解除劳动关系,但不能同步处理合伙份额的情形,带来了一些管理负担。

4. 作为财务投资人的私募基金约定的期限届满如何分配。尤其是在当前投资项目不能如期退出的情况下，是不是可以在合伙人之间采取“现状分配”的方式是个值得探讨的问题。

5.《合伙企业法》规定了许多需要全体合伙人一致同意方可行动的情形，如果合伙企业不作特别约定，则自然适用法律的规定，这在实践中给合伙事务管理造成了巨大的困难。所以，我们一般建议企业根据自己的具体情况，在合伙企业内部事务管理上，尽量不约定需要全体合伙人一致同意方可行动的情形，否则容易形成僵局。《合伙企业法》规定的需要全体合伙人一致同意方可形成决议的情形如下：

(1)改变合伙企业的名称；

(2)改变合伙企业的经营范围、主要经营场所的地点；

(3)处分合伙企业的不动产；

(4)转让或者处分合伙企业的知识产权和其他财产权利；

(5)以合伙企业名义为他人提供担保；

(6)聘任合伙人以外的人担任合伙企业的经营管理人员；

(7)合伙人入伙、退伙；

(8)对合伙人除名；

(9)合伙企业解散。

6. 同自然人股东一样，合伙企业内部的自然人合伙人也存在合伙份额继承，合伙份额与夫妻共同财产、共同债务的问题，各位可以结合自然人股权的相应安排提前作出处理，避免被动。

第十一章

做个成功的股东：股权适时退出

CHAPTER 11

对于股东来说，"持币还是持股"永远是考验证券市场公众股东智慧的灵魂追问。非证券市场公众公司更是如此，只是因为没有证券市场便利的股权退出渠道，他们更多的时候并没有选择权，没有纠结的资本。所以，对于非证券市场的公众股东来说，选择合适的时机将股权退出还是长期持有，都是需要谨慎考虑的问题。做个成功的股东，意味着能够主动掌握这个问题的决定权，而不是被动进行长期投资。

(一)以A公司为例，探讨股权退出的合适时机和方式

经过20多年的各方的努力，A公司抓住了时代的机遇，从一个500万元注册资本的工业生产企业，发展到市值20亿~30亿元的上市公司，着实是成功的、令人喜悦的。从公司法和资本市场角度看，A公司的成长之路如图11-1所示。

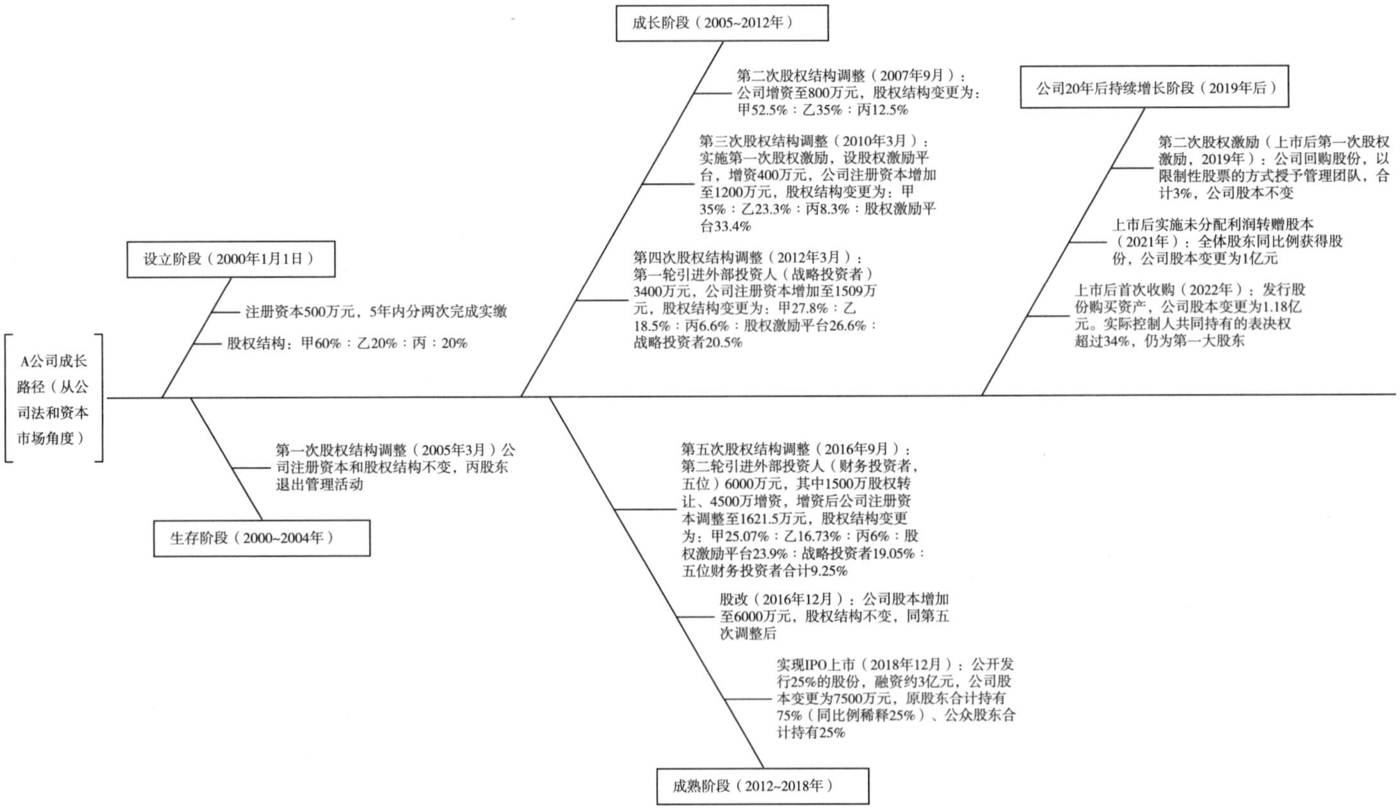

图 11－1　A 公司成长路径（从公司法和资本市场角度）

沿着 A 公司的发展路径，我们分析一下各股东如要退出，可以选择的时机和方式。

1. 如果三位创始人中的大股东甲股权退出，可选方案如图 11－2 所示。

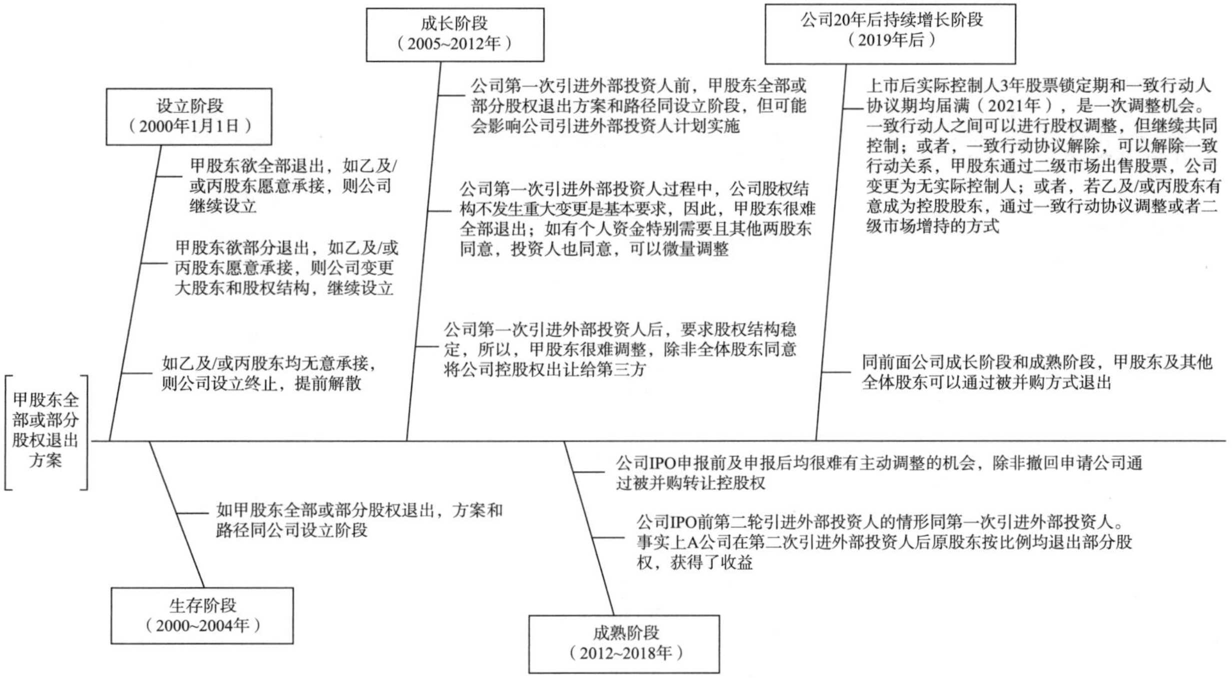

图 11－2　A 公司大股东甲全部或部分股权退出方案

2. 如果作为小股东的乙股东及/或丙股东股权退出，可选方案如图 11－3 所示。

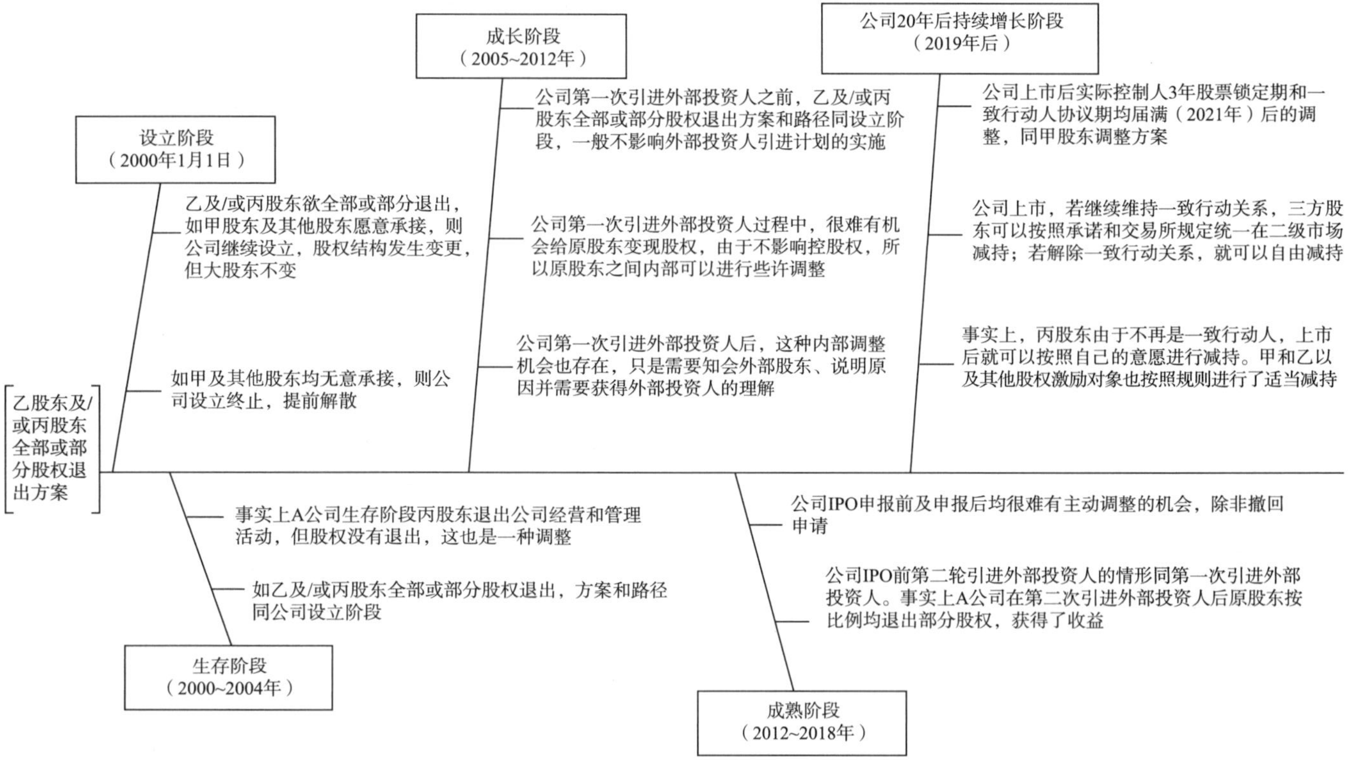

图 11－3　A 公司小股东乙及/或丙全部或部分股权退出方案

3. 外部投资人的股权退出时机与方式：

（1）一般来说，外部投资人股权退出的良好时机是 IPO 或公司被并购。

（2）公司 IPO 前引进下一轮外部投资人时，通过股权转让实现部分股权退出也是机会。但这通常对公司第二轮股权融资计划的实施不利，因为相对于让原股东变现，新投资人更愿意将资金投放公司，用于扩大生产规模等经营性事务；再者，原有投资人的股权退出计划，表明对继续持股没有信心，要么是对公司业务、技术、市场等公司前途没有信心，要么是公司在法人治理、股东关系等方面没有依法照顾好小股东的利益和需求，显然更困难一些。

（3）如果公司没有完成外部投资人投资公司时签署的业绩承诺，或者在业绩承诺期满前有迹象表明公司难以完成业绩承诺（不安履行），可以要求公司回购或者大股东受让股权。

（4）用好投资时事先约定的股权退出条款。

4. 股权激励对象的股权退出时机与方式：

（1）对于股权激励对象来说，退出的时机和路径很大程度上取决于公司的股权激励方案，包括间接持股还是直接持股以及股权限售条件等。如有的股权激励方案相对宽松，离职或终止劳动合同时可以申请退出，同时约定了明确的股权退出价格、操作流程和时间；有的甚至约定随时可以退；当然，多数要求公司达到一定考核业绩、上市目标等才可以退。

（2）公司上市后间接持股的退出也要看股权激励方案，直接持股的要遵守《证券法》关于董监高任职期间每年处分不超过 25% 的规定，还要遵守公司上市时就股权限售作出的承诺和安排。

(二)股权退出价格与协商不成的诉讼方式

1. 还需要纠结股权退出价格吗?

实践中很多股东会纠结股权退出价格,我们认为一般不需要。因为股权退出价格取决于退出的时机、商务环境、供求关系等法律和市场因素。如果在不具备股权退出优势地位的情况下过分纠结股权退出价格,最终可能会导致退出不能从而被动长期持股。

2. 兵贵神速:股权退出的决策要快

对于股权退出来说,最重要的是要抓住时机,时机一旦错过,处理起来就很困难。所以,决策要快,如果决定退出就不要纠结价格。

3. 股东必须清晰地认识到并不是所有的股权投资行为都能获得收益

特别需要指出的是,并不是所有的股权投资行为都能获得收益,股权投资有风险,最终可能没有收益,甚至可能因为滥用股东有限责任和公司独立法人地位,要为公司债务承担连带赔偿责任。所以,有的时候,迅速退出股权是一种止损的行为,决策当然要快,没有机会纠结价格。

4. 在协商退出无望的情况下,可以探讨诉讼方式

(1)提起股东知情权诉讼、股东会/董事会决议无效/撤销/不成立之诉、股东侵权之诉、公司解散之诉、股东代表诉讼等。

(2)用好法律规定的异议股东回购请求权。

(三)创始人股东如何实现股东收益?

我们特别高兴地看到,A 公司从设立到对外融资、上市,20 多年的时间

一路走来,是成功的。三位创始人股东也成功实现了投资目的,获得了不菲的投资收益。

1. 公司坚持设立时确定的分红约定,在生存期结束后实现财务盈利开始分红,此后每年持续获得股权分红。

2. 公司IPO申报前,借助第二次引进外部投资人的机会,三位创始人股东和股权激励对象通过股权转让的方式退出部分股权,合计获得了1500万元股权转让收益。

3. 上市后丙股东一年股权限售期满后择机在二级市场出售股票获得收益;甲股东和乙股东在3年限售期满后也择机作了部分减持;不仅如此,他们还寻找机会协助股权激励平台实现了部分股权变现。各方股东通过资本市场不仅获得了便利的退出机会,更享受了资本市场高估值带来的高额股东收益。

为此,给那些主动或者被动长期持股的股东一点建议:

1. 大股东和实际控制人要有能力带领制定并实施公司战略,做到以下几点。带领公司做好业务、经营和管理活动,提升核心竞争力,实现销售收入和盈利。同时做好法人治理和现代企业制度建设,提升组织能力,确保可以有效支撑公司的长远发展。尊重和维护小股东的利益,照顾他们的需求,促使公司所有股东的投资收益都能够得到实现。将公司做大、做强或者做久,在做大、做强或做久的目标达成后再探讨IPO或被并购重组的股权退出路径。毕竟,只有当公司具有足够的市场价值时,才具有被并购重组的条件。

2. 对于控股股东和实际控制人来说,公司一旦具备了核心竞争力和持续盈利能力,就可以通过主动对外并购扩张的方式进一步扩大盈利能力和行业影响,做百年企业。这样不仅自己可以获得持续分红和股权收益,也能为员工、客户和社会创造更大的价值。

3. 小股东和财务投资者应充分发挥对公司的三项核心贡献:资金支持、资源赋能和法人治理建设,争取为公司创造价值,协助公司做大、做强或者做久,在具备条件后再行探讨通过 IPO 或被并购重组等方式实现股权退出,或者长期持有以获得持续股权收益。

第十二章

做个成功的股东：解决好公司传承这个难题

CHAPTER 12

公司传承是自然人股东公司必然面临的问题，因为公司作为拟制的人由股东赋予其生命，如果不通过股东意愿或者法律强制终止它的生命，公司是可以持续存续的，而自然人的生命是有限的，生老病死是自然规律。实践中出现了大量没有提前规划公司传承而当公司继承事件出现后导致公司和家庭关系同时受到冲击的情况：轻则导致公司动荡，骨干和订单流失，影响公司业务、业绩；重则影响公司生存，导致公司陷入僵局和困境，令公司被收购或司法重整。家庭成员之间的关系也不可避免地受到了极大的挑战，父母/兄弟姐妹反目为仇，实在令人痛惜。

一个我们不得不承认的事实：虽然在今天自然人寿命已经可以延长至80岁，但能够高龄继续参与公司重大事项决策和经营管理，带领公司在竞争中胜出的股东毕竟是少数。换句话说，即使不发生股权继承事件，公司也需要提前安排好公司经营和管理工作的负责人，即像大股东/创始人和实际控制人那样承接公司的业务、经营和管理活动，带领管理团队继续公司的经营。或者随着科学技术的进步，在下一代的主导下，企业能够实现更高的目标。

不容忽视，当前公司在传承问题上缺乏系统的解决方案，大家或者避而不谈这个问题，或者即使谈也停留在表面，不肯深入交流，没有寻求专业人士的帮助。多个公司即使有解决方案，也是进行简单的股权分配和收益分配，或者将动产、不动产作简单分割。这些操作确实难以实现公司持续经营和家庭/成员团结的目标。

基于上述，我们特别强调要提前安排公司传承，凡事预则立，不预则废。负责任的股东/公司创始人和实际控制人确实需要提前处理这件事情。需处理公司传承问题的公司包括并不限于：家族企业、自然人控股的非家族企业（同学/朋友共同创业）、历史上国有企业改制时形成的全员持股的公司。当然，这些公司还应该是已经度过了生存期和成长期的。

（一）公司传承的两个目标：公司持续经营和家庭团结

公司持续经营和家庭团结这两个目标之间的关系是非常清晰的：公司能够持续经营就意味着可以持续盈利，这样就可以持续给股东/家庭成员分配利益和收益，这种增量利益的实现是维持家庭团结的重要前提；而家庭成员之间的持续信任与合作、合力与支持，自然也是公司维持股东关系平衡，在重大事项上持续作出正确决策，从而少走弯路、少犯错误的重要条件。所以，这两个目标同样重要，并行不悖，不可偏废。如果出现了非原则性/根本性冲突，可以根据实际情况来决定哪个具有优先级。

举个例子，父亲 70 岁时将公司交予两个儿子，分配了两人各 30% 的股权，另设 20% 股权作为股权激励平台，剩余 20% 继续在父亲名下，作为未来的机动分配额度。面对疫情后全球范围内的经济下滑趋势，在决定公司是否砍掉一块持续亏损业务（占公司当前销售收入和利润总额的 30%）、是否将当前盈利业务板块出海在东南亚国家建立生产基地的时候，两人出现了不同意见。

这种情况下，如果增加参与决策的人员范围，让公司高管或者中介机构参与到决策过程中，基本可以形成一个相对正确的决定；或者再辅助一个奖惩制度安排——决策失误造成的经济损失由其承担（从股权收益中扣除），决策正确产生的增量也由其享有。这样就可以坚持公司持续经营优先，不会过分影响二人的信任和团结关系。

反过来就很难成立，假如公司目前面临的决策是公司是否进入重整或被收购，二人就必须达成一致，因为这是涉及公司生死存亡的大事，属于原则性的根本利益。这时候公司的持续经营目标就得让位于家庭成员的团结。

1. 完成公司传承需要遵循的原则：遵循人性和商业规律，坚持合法性与可操作性，通过组织和制度的力量应对变化和各种不确定性，解决公司持续发展的根本性问题、原则性问题和长远问题。

（1）关于遵循人性，举个例子：上述父亲创业的公司给兄弟平分股权，如果兄弟二人能力差异很大，对公司的贡献差异也很大，初始几年，哥哥可以用担当、责任、胸怀等情感说服自己平静接受这个现实；但是，一旦弟弟出现了不敬、抱怨，甚至在外面做了些有损公司利益和声誉以及哥哥声誉的坏事，哥哥可能就很难再忍了，这是人性。

再举个例子：三位朋友/同学共同创业，大家基本平分股权，后都到了退休的年龄。一位同学的儿子毕业后一直在公司，业务和能力都比较强，从研发负责人干到了销售负责人。虽然公司还没设置股权激励制度，但是另外两位股东免不了担忧：这公司未来是不是就变成了一个人的家族企业？我们两个的股权和未来在公司的位置怎么办？更严重的是，公司事先没有设置股权动态调整机制，三位股东谁也没提议商量这事。这两位股东就偷偷做出了转移公司业务、在外单独设立公司和公司竞争的行为。这也是人性。

所谓尊重人性、遵循人性，要承认人性的脆弱和有限理性，也要承认人性有恶的一面，尤其是在商业利益面前，以及当外界环境发生变化导致可得利益受到影响时，本能会促使人作出趋利避害的决定。而公司是股东、董事、经理人和员工、客户、供应商、银行、债权人等多个利益群体合作的组织，具有重要决策权的股东/董事和核心管理层作出了有利于自己而损害他人利益的决定时，将不可避免地损害大多数人的利益，并最终导致公司持续经营失败。所以，只能通过系列制度最大程度激发人性的善，遏制人性的恶。

（2）关于合法性与可操作性。合法性这个原则容易处理，但可操作性不容易。实践中大量的方案失败在于逻辑不严密，出现了可操作性漏洞。创始人良好的愿望无法实现，也是令人遗憾。

举个例子，三位同学/朋友共同创业的公司，最终在这一代即将退出管理层的时候各自委派一名下一代或职业经理人共同组成新的董事会和管理团队：一人负责技术，一人负责销售，一人负责生产，原创始人继续担任董事，协助年轻一代掌握方向。3 年后公司业务困境导致僵局出现，三人陷入不信任状态。下一代之间的信任关系破裂自然也影响了这一代之间的信任，但由于没有相应的争议（不同意见）解决方案，公司陷入诉讼泥潭，最终走向失败。

（3）从公司法角度解决公司持续发展的根本问题、原则性问题和长远问题。什么是公司传承的长远问题和根本问题？我们借用宋志平先生出版的《有效的经营者》一书中提到的企业组织、管理和经营三者之间的关系来理解：

> 对企业来说，组织、管理和经营三者缺一不可，他们是决定企业生死的三要素。组织是根基，是架构，决定企业能活多久、能长多大；管理是基础，是器官，决定企业产品的质量和竞争力；经营是核心，是灵魂，直接决定企业能否可持续盈利。经营是做正确的事，眼睛向外，要在不确定环境下作出正确的选择，目标是提高效益；而管理是正确地做事，眼睛向内，处理好人、机、物、料的关系，目的是提高效率。

站在这个角度再来看公司传承，组织应该能够决定公司持续经营的根本问题、原则性问题和长远问题。这样的组织是立体的，从股东会到董事会、经理层和各个业务部门组成了立体架构，使作为自然人的股东/董事/高管通过组织和制度形成公司的意志，作出正确的决策并实施；对决策和实施过程中的错误组织自身也能发现并给予纠正。这样的组织自身就充满了力量，承载并保障着公司的业务盈利和管理效率。这就是公司搭建科学有效的法人治理架构的重要性。公司传承过程中，随着公司股东和主要管理团队的变更，原有的组织架构必然发生必要的、相应的变更，如何重新建立一个稳定、平衡的组织，为公司持续经营和管理提供力量和顶层架构支撑？

股东关系是法人治理和组织建设的基础，维持平衡、信任的股东关系又是建立有效组织的前提和基础，这也是实践中我们一直要求从股权—股东关系这个顶层架构入手解决问题的原因。只有基于顶层架构，才有可能解决公司的根本问题和长远问题。否则，即使公司业务和经营、管理工作做得好，一旦股东关系出现了危机,公司也是难以持续经营的。

2. 用好公司法技术,设计立体的、一揽子公司传承制度:

(1)调整当前股权架构及股权四项权能,按照当前情况将股权在下一代之间适当进行分配,并根据公司、股东实际情况对股东权利的行使作出限制和安排,新建股东关系并根据参与经营管理的成员的业绩作动态调整,调动接班人的积极性,满足当前需要。

(2)设计股权继承等制度应对未来不确定性(如自然人婚姻关系变动、承接公司主观意愿和客观能力变动、公司经营状况变动、外部环境变动等),防止未来被动,满足未来需求。

(3)建立与股权关系调整对应的法人治理制度(股东对董事、经理层的科学授权、激励和约束制度),确保正确决策和实施。

(4)建立防止二代、经理人越权的约束机制和争议解决机制,防止最坏情况发生,如承接企业经营的董事高管不能实现持续盈利、会计师出具非标准审计报告、公司发生僵局、家庭成员发生重大分歧等。

(5)照顾职业经理人利益,使职业经理人在二代接班的情况下主动、积极、善意地协助二代促使公司成功,在二代不接班的情况下更要激发其善意。

(6)照顾家庭成员/合作伙伴的利益,尤其是不参与经营和管理活动的成员的利益,满足他们的需求,维持信任关系,预留未来各方权益调整的空间,激发善意。

(7)选择合适的时机。

(8)选择中介机构协助。

(9)使公司文化成为完成传承的有力支撑。

（二）A 公司如何解决公司传承问题？

对于 A 公司来说，由于实现了上市，公司在很大程度上建立了现代企业制度，完成了组织建设，实现了所有权与经营权的分离，一批有能力、有担当的职业经理人顺利进入公司共同助力公司的持续经营，资本市场规则的约束和中介机构与合作伙伴的支持都是公司能够持续经营的有利因素。创业之初的三位股东中的丙在公司尚未完成生存目标的时候即退出管理岗位，另外两位一直和公司走到了 20 年后的今天，并在上市后第一个 3 年目标实现后退出管理层，但仍然担任董事会成员并与管理团队一致行动。

对 A 公司来说，应对公司传承问题的关键在于两位创始人的下一代是否参与公司经营和管理活动？如是，如何与职业经理人达成一致？如果不能达成一致，是否会影响公司的持续经营？

综合 A 公司的实际情况，总体上看实现公司传承困难不大。原因有两个：一方面，下一代不是必须参与公司经营和管理活动的，在公司法人治理架构有效搭建的基础上，即使下一代均无意参与公司经营，公司 20 年的文化和持续股权激励制度可以保障职业经理人能够担当此任；另一方面，如果下一代参与公司经营和管理活动，公司也已经建立了在股东会和战略层面的不同意见的解决方案，能够有效解决争议，形成公司正确决定和意志。

是不是绝对没有风险？答案是否定的，由于上市公司不能约定股权不允许继承，所以，股权是可以继承的，而两位主要股东是直接持股，如果因为没有事先安排好股权继承方案，各自家庭成员就继承方案产生了争议，也会对公司传承有不利影响。要解决这个问题，A 公司的两自然人股东就需要事先安排好各自家庭的股权继承方案，以免发生意外和家庭成员的不团结，影响公司的持续经营问题。

（三）一则非上市公司（B公司）传承案例

1. B公司基本信息

1. 主体公司股权结构：父亲51%、儿子49%，现在IPO辅导过程中。

2. 父亲作为创始人实际控制公司，父亲连同其他两位负责技术和销售的负责人共同组成公司董事会。

3. 儿子、儿媳均在公司工作10年，现为中层管理人员，未进入董事会，未来希望拿控股权。

4. 女儿22岁，刚大学毕业，对公司不感兴趣。

5. 主体公司为传统制造业，2023年销售收入8亿元左右，利润5000万～6000万元。同一实际控制人旗下的其他公司为贸易、厂房租赁等，规模不大。

2. B公司传承方案中股权架构调整的部分

股权架构调整的部分见图12－1。

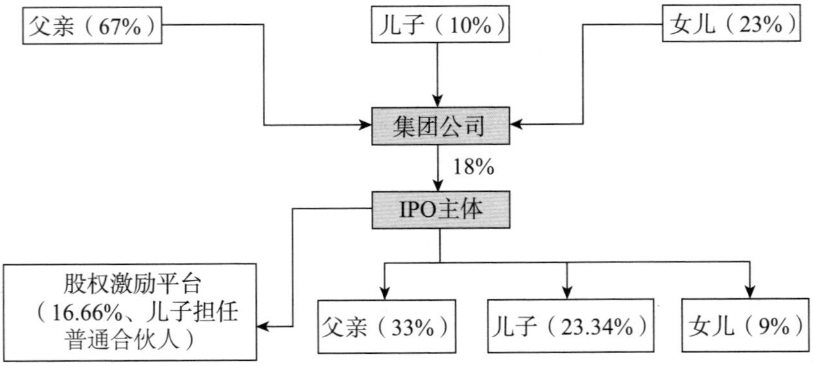

图12－1　B公司传承方案中股权架构调整的部分

3. B 公司传承方案中与股权架构调整对应的法人治理架构调整

法人治理架构调整见图 12－2。

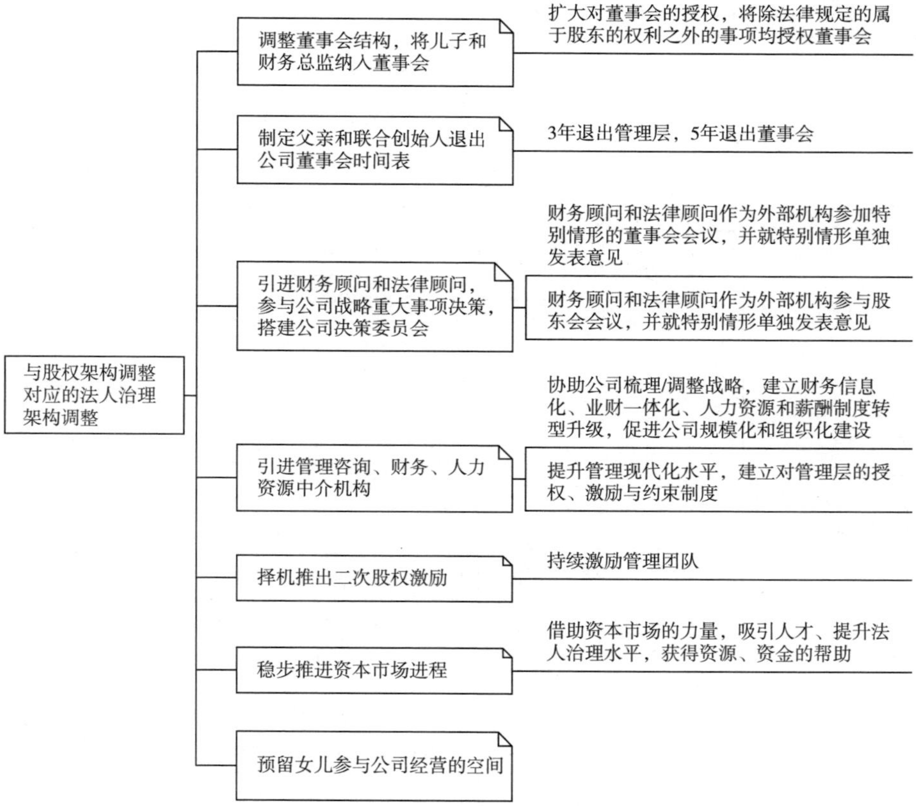

图 12－2　与股权架构调整对应的法人治理架构调整

4. B 公司传承方案中应对重大风险和不确定性,促使公司持续经营的制度安排

法人治理之特别风险应对见图 12 -3。

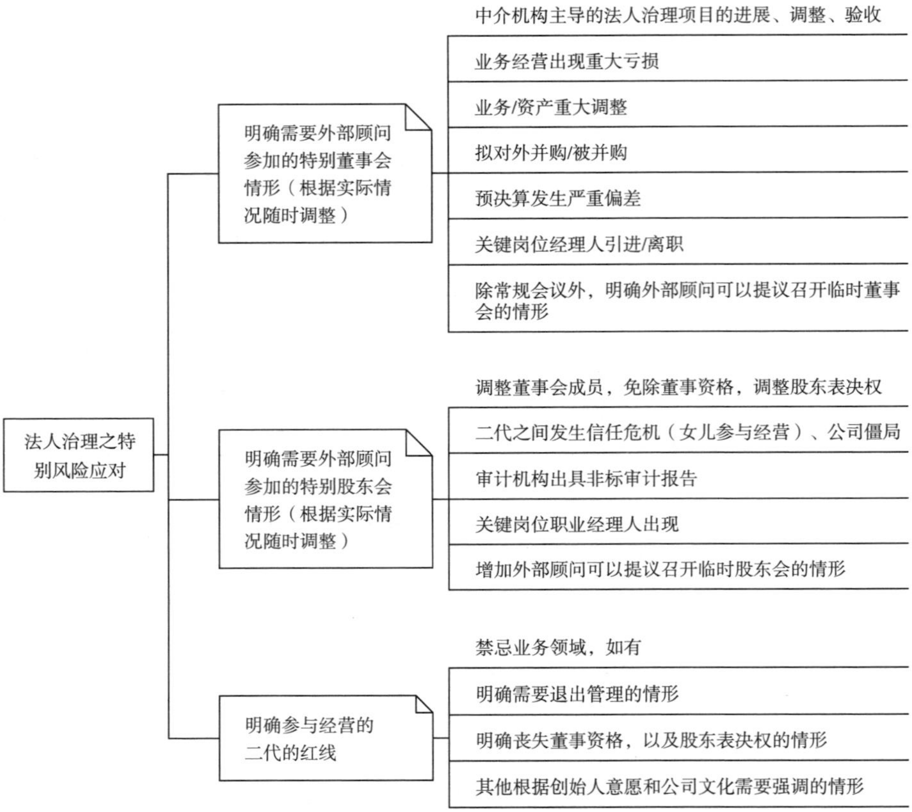

图 12 -3　法人治理之特别风险应对

常见错误及风险行为清单

1. 没有预先作出安排,一旦发生股东继承情形,公司措手不及引发继承

人股东争议，继而引发公司僵局，业务和经营受到巨大影响。

2. 虽有预先安排，但公司传承和股权继承规则设定不合理，执行过程中出现争议或僵局。

3. 虽有预先安排，但没有预定未来的调整机制，以至于实践中发生了应予调整的情况而无法及时进行调整，导致新的股东关系失衡。

4. 虽有预先安排，在现金、房产等资产项作了保险、投资、信托等安排，但缺乏对股权架构的顶层设计，一旦顶层架构出现风险，公司瞬间土崩瓦解。

5. 没有针对股权架构调整设置对应的法人治理架构调整方案，无法保证公司的持续经营，也没有对极端情况设置应对方案，以至于没有完成持续经营目标，或者发生极端情况导致公司僵局和失败，没有达到传承目标。

6. 公司文化没有给传承方案的实施创造积极的条件导致失败。

附　录

APPENDIX

1.《上海证券交易所股票上市规则》(2025 年 4 月修订)中发布的主板上市条件

3.1.1　境内发行人申请首次公开发行股票并在本所上市,应当符合下列条件:

(一)符合《证券法》、中国证监会规定的发行条件;

(二)发行后的股本总额不低于 5000 万元;

(三)公开发行的股份达到公司股份总数的 25% 以上;公司股本总额超过 4 亿元的,公开发行股份的比例为 10% 以上;

(四)市值及财务指标符合本规则规定的标准;

(五)本所要求的其他条件。

本所可以根据市场情况,经中国证监会批准,对上市条件和具体标准进行调整。

3.1.2　境内发行人申请在本所上市,市值及财务指标应当至少符合下列标准中的一项:

(一)最近 3 年净利润均为正,且最近 3 年净利润累计不低于 2 亿元,最近一年净利润不低于 1 亿元,最近 3 年经营活动产生的现金流量净额累计不低于 2 亿元或营业收入累计不低于 15 亿元;

(二)预计市值不低于 50 亿元,且最近一年净利润为正,最近一年营业收入不低于 6 亿元,最近 3 年经营活动产生的现金流量净额累计不低于 2.5

亿元；

（三）预计市值不低于100亿元，且最近一年净利润为正，最近一年营业收入不低于10亿元。

本节所称净利润以扣除非经常性损益前后的孰低者为准，净利润、营业收入、经营活动产生的现金流量净额均指经审计的数值。本节所称预计市值，是指股票公开发行后按照总股本乘以发行价格计算出来的发行人股票名义总价值。

3.1.3　符合《国务院办公厅转发证监会关于开展创新企业境内发行股票或存托凭证试点若干意见的通知》（国办发〔2018〕21号）等相关规定的红筹企业，可以申请发行股票或者存托凭证并在本所上市。

红筹企业申请首次公开发行股票或者存托凭证并在本所上市，应当符合下列条件：

（一）符合《证券法》、中国证监会规定的发行条件；

（二）发行股票的，发行后的股份总数不低于5000万股；发行存托凭证的，发行后的存托凭证总份数不低于5000万份；

（三）发行股票的，公开发行（含已公开发行）的股份达到公司股份总数的25%以上；公司股份总数超过4亿股的，公开发行（含已公开发行）股份的比例为10%以上。发行存托凭证的，公开发行（含已公开发行）的存托凭证对应基础股份达到公司股份总数的25%以上；发行后的存托凭证总份数超过4亿份的，公开发行（含已公开发行）的存托凭证对应基础股份的比例为10%以上；

（四）市值及财务指标符合本规则规定的标准；

（五）本所要求的其他条件。

本所可以根据市场情况,经中国证监会批准,对上市条件和具体标准进行调整。

3.1.4　已在境外上市的红筹企业,申请发行股票或者存托凭证并在本所上市的,应当至少符合下列标准中的一项:

(一)市值不低于2000亿元;

(二)市值200亿元以上,且拥有自主研发、国际领先技术,科技创新能力较强,在同行业竞争中处于相对优势地位。

3.1.5　未在境外上市的红筹企业,申请发行股票或者存托凭证并在本所上市的,应当至少符合下列标准中的一项:

(一)预计市值不低于200亿元,且最近一年营业收入不低于30亿元;

(二)营业收入快速增长,拥有自主研发、国际领先技术,在同行业竞争中处于相对优势地位,且预计市值不低于100亿元;

(三)营业收入快速增长,拥有自主研发、国际领先技术,在同行业竞争中处于相对优势地位,且预计市值不低于50亿元,最近一年营业收入不低于5亿元。

前款规定的营业收入快速增长,应当符合下列标准之一:

(一)最近一年营业收入不低于5亿元的,最近3年营业收入复合增长率10%以上;

(二)最近一年营业收入低于5亿元的,最近3年营业收入复合增长率20%以上;

(三)受行业周期性波动等因素影响,行业整体处于下行周期的,发行人最近3年营业收入复合增长率高于同行业可比公司同期平均增长水平。

处于研发阶段的红筹企业和对国家创新驱动发展战略有重要意义的红

筹企业,不适用“营业收入快速增长”的上述要求。

3.1.6 发行人具有表决权差异安排的,市值及财务指标应当至少符合下列标准中的一项:

(一)预计市值不低于200亿元,且最近一年净利润为正;

(二)预计市值不低于100亿元,且最近一年净利润为正,最近一年营业收入不低于10亿元。

拥有特别表决权的股份(以下简称特别表决权股份)持有人资格、公司章程关于表决权差异安排的具体规定,应当符合本规则第四章第六节的规定。

2.《上海证券交易所科创板股票上市规则》(2025年4月修订)中公司申请股票在科创板上市的条件

2.1.1 发行人申请在本所科创板上市,应当符合下列条件:

(一)符合中国证监会规定的发行条件;

(二)发行后股本总额不低于人民币3000万元;

(三)公开发行的股份达到公司股份总数的25%以上;公司股本总额超过人民币4亿元的,公开发行股份的比例为10%以上;

(四)市值及财务指标符合本规则规定的标准;

(五)本所规定的其他上市条件。

红筹企业发行股票的,前款第二项调整为发行后的股份总数不低于3000万股,前款第三项调整为公开发行的股份达到公司股份总数的25%以上;公司股份总数超过4亿股的,公开发行股份的比例为10%以上。红筹企业发行存托凭证的，前款第二项调整为发行后的存托凭证总份数不低于3000万份，前款第三项调整为公开发行的存托凭证对应基础股份达到公司股份总数的25%以上；发行后的存托凭证总份数超过4亿份的，公开发行存托凭证对应基础股份达到公司股份总数的10%以上。

本所可以根据市场情况，经中国证监会批准，对上市条件和具体标准进行调整。

2.1.2　发行人申请在本所科创板上市，市值及财务指标应当至少符合下列标准中的一项：

（一）预计市值不低于人民币10亿元，最近两年净利润均为正且累计净利润不低于人民币5000万元，或者预计市值不低于人民币10亿元，最近一年净利润为正且营业收入不低于人民币1亿元；

（二）预计市值不低于人民币15亿元，最近一年营业收入不低于人民币2亿元，且最近三年累计研发投入占最近三年累计营业收入的比例不低于15%；

（三）预计市值不低于人民币20亿元，最近一年营业收入不低于人民币3亿元，且最近三年经营活动产生的现金流量净额累计不低于人民币1亿元；

（四）预计市值不低于人民币30亿元，且最近一年营业收入不低于人民币3亿元；

（五）预计市值不低于人民币40亿元，主要业务或产品需经国家有关部门批准，市场空间大，目前已取得阶段性成果。医药行业企业需至少有一项核心产品获准开展二期临床试验，其他符合科创板定位的企业需具备明显的技术优势并满足相应条件。

本条所称净利润以扣除非经常性损益前后的孰低者为准，所称净利润、营业收入、经营活动产生的现金流量净额均指经审计的数值。本节所预计市值，是指股票公开发行后按照总股本乘以发行价格计算出来的发行人股票名义总价值。

2.1.3　符合《国务院办公厅转发证监会关于开展创新企业境内发行股票或存托凭证试点若干意见的通知》（国办发〔2018〕21号）相关规定的红筹企业，可以申请发行股票或存托凭证并在科创板上市。

营业收入快速增长，拥有自主研发、国际领先技术，同行业竞争中处于相对优势地位的尚未在境外上市红筹企业，申请在科创板上市的，市值及财务指标应当至少符合下列标准之一：

（一）预计市值不低于人民币100亿元；

（二）预计市值不低于人民币50亿元，且最近一年营业收入不低于人民币5亿元。

前款所称营业收入快速增长，指符合下列标准之一：

（一）最近一年营业收入不低于人民币5亿元的，最近3年营业收入复合增长率10%以上；

（二）最近一年营业收入低于人民币5亿元的，最近3年营业收入复合增长率20%以上；

（三）受行业周期性波动等因素影响，行业整体处于下行周期的，发行人最近3年营业收入复合增长率高于同行业可比公司同期平均增长水平。

处于研发阶段的红筹企业和对国家创新驱动发展战略有重要意义的红筹企业，不适用“营业收入快速增长”上述要求。

2.1.4　发行人具有表决权差异安排的，市值及财务指标应当至少符合下列标准中的一项：

（一）预计市值不低于人民币100亿元；

（二）预计市值不低于人民币50亿元，且最近一年营业收入不低于人民币5亿元。

发行人特别表决权股份的持有人资格、公司章程关于表决权差异安排的具体规定，应当符合本规则第四章第五节的规定。

本规则所称表决权差异安排，是指发行人依照《公司法》第一百四十四条的规定，在一般规定的普通股份之外，发行拥有特别表决权的股份（以下简称特别表决权股份）。每一特别表决权股份拥有的表决权数量大于每一普通股份拥有的表决权数量，其他股东权利与普通股份相同。

3.《深圳证券交易所创业板股票上市规则》（2025年修订）规定的创业板上市条件

2.1.1 发行人申请在本所创业板上市，应当符合下列条件：

（一）符合中国证券监督管理委员会（以下简称中国证监会）规定的创业板发行条件；

（二）发行后股本总额不低于3000万元；

（三）公开发行的股份达到公司股份总数的25%以上；公司股本总额超过4亿元的，公开发行股份的比例为10%以上；

（四）市值及财务指标符合本规则规定的标准；

（五）本所要求的其他上市条件。

红筹企业发行股票的，前款第二项调整为发行后的股份总数不低于3000万股，前款第三项调整为公开发行的股份达到公司股份总数的25%以上；公司股份总数超过4亿股的，公开发行股份的比例为10%以上。红筹企业发行存托凭证的,前款第二项调整为发行后的存托凭证总份数不低于3000万份,前款第三项调整为公开发行的存托凭证对应基础股份达到公司股份总数的25%以上;发行后的存托凭证总份数超过4亿份的,公开发行存托凭证对应基础股份达到公司股份总数的10%以上。

本所可以根据市场情况,经中国证监会批准,对上市条件和具体标准进行调整。

2.1.2　发行人为境内企业且不存在表决权差异安排的,市值及财务指标应当至少符合下列标准中的一项:

(一)最近两年净利润均为正,累计净利润不低于1亿元,且最近一年净利润不低于6000万元;

(二)预计市值不低于15亿元,最近一年净利润为正且营业收入不低于4亿元;

(三)预计市值不低于50亿元,且最近一年营业收入不低于3亿元。

2.1.3　符合《国务院办公厅转发证监会关于开展创新企业境内发行股票或存托凭证试点若干意见的通知》(国办发〔2018〕21号)等相关规定的红筹企业,可以申请其股票或存托凭证在创业板上市。

营业收入快速增长,拥有自主研发、国际领先技术,同行业竞争中处于相对优势地位的尚未在境外上市红筹企业,申请在创业板上市的,市值及财务指标应当至少符合下列标准中的一项:

(一)预计市值不低于100亿元;

(二)预计市值不低于50亿元,且最近一年营业收入不低于5亿元。

前款所称营业收入快速增长,指符合下列标准之一:

(一)最近一年营业收入不低于5亿元的,最近三年营业收入复合增长率10%以上；

（二）最近一年营业收入低于5亿元的，最近三年营业收入复合增长率20%以上；

（三）受行业周期性波动等因素影响，行业整体处于下行周期的，发行人最近三年营业收入复合增长率高于同行业可比公司同期平均增长水平。

处于研发阶段的红筹企业和对国家创新驱动发展战略有重要意义的红筹企业，不适用“营业收入快速增长”的规定。

2.1.4　发行人具有表决权差异安排的，市值及财务指标应当至少符合下列标准中的一项：

（一）预计市值不低于100亿元；

（二）预计市值不低于50亿元，且最近一年营业收入不低于5亿元。

发行人特别表决权股份的持有人资格、公司章程关于表决权差异安排的具体要求，应当符合本规则第四章第四节的规定。

2.1.5　本节所称净利润以扣除非经常性损益前后的孰低者为准，所称净利润、营业收入均指经审计的数值。本节所称预计市值，是指股票公开发行后按照总股本乘以发行价格计算出来的发行人股票名义总价值。

4.《北京证券交易所股票上市规则》（2025年4月25日发布）规定的北交所上市条件

2.1.1　发行人申请向不特定合格投资者公开发行股票并在本所上市的（以下简称公开发行并上市），适用本节规定。

2.1.2　发行人申请公开发行并上市，应当符合下列条件：

(一)发行人为在全国股转系统连续挂牌满12个月的创新层挂牌公司;

(二)符合中国证券监督管理委员会(以下简称中国证监会)规定的发行条件;

(三)最近一年期末净资产不低于5000万元;

(四)向不特定合格投资者公开发行(以下简称公开发行)的股份不少于100万股,发行对象不少于100人;

(五)公开发行后,公司股本总额不少于3000万元;

(六)公开发行后,公司股东人数不少于200人,公众股东持股比例不低于公司股本总额的25%;公司股本总额超过4亿元的,公众股东持股比例不低于公司股本总额的10%;

(七)市值及财务指标符合本规则规定的标准;

(八)本所规定的其他上市条件。

本所可以根据市场情况,经中国证监会批准,对上市条件和具体标准进行调整。

2.1.3　发行人申请公开发行并上市,市值及财务指标应当至少符合下列标准中的一项:

(一)预计市值不低于2亿元,最近两年净利润均不低于1500万元且加权平均净资产收益率平均不低于8%,或者最近一年净利润不低于2500万元且加权平均净资产收益率不低于8%;

(二)预计市值不低于4亿元,最近两年营业收入平均不低于1亿元,且最近一年营业收入增长率不低于30%,最近一年经营活动产生的现金流量净额为正;

(三)预计市值不低于8亿元,最近一年营业收入不低于2亿元,最近两年研发投入合计占最近两年营业收入合计比例不低于8%；

(四)预计市值不低于15亿元,最近两年研发投入合计不低于5000万元。

前款所称预计市值是指以发行人公开发行价格计算的股票市值,净利润以扣除非经常性损益前后的孰低者为准。

2.1.4 发行人申请公开发行并上市,不得存在下列情形:

(一)最近36个月内,发行人及其控股股东、实际控制人,存在贪污、贿赂、侵占财产、挪用财产或者破坏社会主义市场经济秩序的刑事犯罪,存在欺诈发行、重大信息披露违法或者其他涉及国家安全、公共安全、生态安全、生产安全、公众健康安全等领域的重大违法行为;

(二)最近12个月内,发行人及其控股股东、实际控制人、董事、监事(如有)、高级管理人员受到中国证监会及其派出机构行政处罚,或因证券市场违法违规行为受到全国中小企业股份转让系统有限责任公司(以下简称全国股转公司)、证券交易所等自律监管机构公开谴责;

(三)发行人及其控股股东、实际控制人、董事、监事(如有)、高级管理人员因涉嫌犯罪正被司法机关立案侦查或涉嫌违法违规正被中国证监会及其派出机构立案调查,尚未有明确结论意见;

(四)发行人及其控股股东、实际控制人被列入失信被执行人名单且情形尚未消除;

(五)最近36个月内,未按照《证券法》和中国证监会的相关规定在每个会计年度结束之日起4个月内编制并披露年度报告,或者未在每个会计年度的上半年结束之日起2个月内编制并披露中期报告;

(六)中国证监会和本所规定的,对发行人经营稳定性、直接面向市场独立持续经营的能力具有重大不利影响,或者存在发行人利益受到损害等其他情形。

2.1.5　发行人具有表决权差异安排的,该安排应当平稳运行至少一个完整会计年度,且相关信息披露和公司治理应当符合中国证监会及全国股转公司相关规定。

2.1.6　发行人公开发行股票经中国证监会注册并完成发行后,应当提交下列文件,向本所提出股票上市申请:

(一)上市申请书;

(二)中国证监会同意注册的决定;

(三)公开发行结束后,符合《证券法》规定的会计师事务所出具的验资报告;

(四)中国证券登记结算有限责任公司北京分公司出具的股票登记相关文件;

(五)保荐机构关于办理完成限售登记及符合相关规定的承诺;

(六)公开发行后至上市前,按规定新增的财务资料和有关重大事项的说明(如适用);

(七)本所要求的其他文件。

5.《上海证券交易所股票上市规则》(2025 年 4 月修订)规定的主板上市公司触发交易类强制退市条件

9.2.1　上市公司出现下列情形之一的,本所决定终止其股票上市:

(一)在本所仅发行 A 股股票的上市公司,连续 120 个交易日通过本所交易系统实现的累计股票成交量低于 500 万股,或者连续 20 个交易日的每日股票收盘价均低于 1 元；

（二）在本所仅发行 B 股股票的上市公司，连续 120 个交易日通过本所交易系统实现的累计股票成交量低于 100 万股，或者连续 20 个交易日的每日股票收盘价均低于 1 元；

（三）在本所既发行 A 股股票又发行 B 股股票的上市公司，其 A、B 股股票的成交量或者收盘价同时触及第（一）项和第（二）项规定的标准；

（四）上市公司股东数量连续 20 个交易日（不含公司首次公开发行股票上市之日起 20 个交易日）每日均低于 2000 人；

（五）在本所仅发行 A 股股票的上市公司或者既发行 A 股股票又发行 B 股股票的上市公司连续 20 个交易日在本所的每日股票收盘总市值均低于 5 亿元；

（六）在本所仅发行 B 股股票的上市公司连续 20 个交易日在本所的每日股票收盘总市值均低于 3 亿元；

（七）本所认定的其他情形。

……

6.《上海证券交易所科创板股票上市规则》（2025 年 4 月修订）规定的科创板上市公司触发交易类强制退市条件

12.3.1　上市公司出现下列情形之一的，本所决定终止其股票上市：

（一）通过本所交易系统连续 120 个交易日实现的累计股票成交量低于 200 万股；

（二）连续 20 个交易日每日股票收盘价均低于 1 元；

(三)连续20个交易日在本所的每日股票收盘市值均低于3亿元;

(四)连续20个交易日每日股东数量均低于400人;

(五)本所认定的其他情形。

前款规定的交易日,不包含公司股票停牌日和公司首次公开发行股票上市之日起的20个交易日。

……

7.《深圳证券交易所股票上市规则》(2025年修订)规定的主板上市公司触发交易类强制退市条件

9.2.1　上市公司出现下列情形之一的,本所终止其股票上市交易:

(一)在本所仅发行A股股票的公司,通过本所交易系统连续一百二十个交易日股票累计成交量低于500万股;

(二)在本所仅发行B股股票的公司,通过本所交易系统连续一百二十个交易日股票累计成交量低于100万股;

(三)在本所既发行A股股票又发行B股股票的公司,通过本所交易系统连续一百二十个交易日其A股股票累计成交量低于500万股且其B股股票累计成交量低于100万股;

(四)在本所仅发行A股股票或者仅发行B股股票的公司,通过本所交易系统连续二十个交易日的股票收盘价均低于1元;

(五)在本所既发行A股股票又发行B股股票的公司,通过本所交易系统连续二十个交易日的A股和B股股票收盘价同时均低于1元;

(六)在本所仅发行A股股票或者既发行A股又发行B股股票的公司,

连续二十个交易日在本所的股票收盘总市值均低于5亿元；

（七）在本所仅发行B股股票的公司，连续二十个交易日在本所的股票收盘市值均低于3亿元；

（八）公司连续二十个交易日股东人数均少于2000人；

（九）本所认定的其他情形。

……

8.《深圳证券交易所创业板股票上市规则》（2025年修订）规定的创业板上市公司触发交易类强制退市条件

第10.2.1条　上市公司出现下列情形之一的，本所决定终止其股票上市交易：

（一）连续一百二十个交易日通过本所交易系统实现的股票累计成交量低于200万股；

（二）连续二十个交易日的股票收盘价均低于1元；

（三）连续二十个交易日的股票收盘市值均低于3亿元；

（四）连续二十个交易日的公司股东人数均少于400人；

（五）本所认定的其他情形。

……

9.《北京证券交易所股票上市规则》（2025年4月25日）规定的北交所上市公司触发交易类强制退市情形

10.2.1　上市公司出现下列情形之一的，本所决定终止其股票上市：

(一)连续120个交易日通过本所交易系统实现的累计股票成交量低于100万股;

(二)连续60个交易所日股票每日收盘价均低于1元;

(三)连续60个交易日股东人数均少于200人;

(四)按照本规则第2.1.3条第一款第四项规定的上市公司连续60个交易日股票交易市值均低于3亿元;

(五)本所认定的其他情形。

前款规定的交易日,不包含公司股票停牌日和公开发行股票并上市之日起的20个交易日。

后　记　也谈“内卷”

“内卷”是最近在网络上流行的一个词,从大家熟悉的孩子们在学校的高强度学习和课后无休止的辅导班,到年轻人参加工作后在单位“996”、“白加黑”和“5＋2”的工作压力,以及客户对供应商的非正常压价与长期货款拖欠……凡此种种,“内卷”成了这个时代我们痛恨的现象。

根据百度百科提供的答案,“内卷”是指“一类文化模式达到了某种最终的形态以后,既没有办法稳定下来,也没有办法转变为新的形态,而只能不断地在内部变得更加复杂的现象”。进一步而言,这种让事务变得更加复杂的现象最终将导致各行各业的恶性竞争状态。无休止的恶性竞争最终必然进一步加剧事务的复杂性。

那么,从哪里找解决方案呢？作为一种现象,其解决方案还是得从事物本质找。从法律人思维模式出发,还得借助“法律关系”的帮助。

先看教育领域“内卷”。从孩子成长角度看，相对于通过背古诗、学单词或学奥数等获取知识，或是通过弹奏钢琴等习得技能来说，孩子在成长过程中能获得全身心的快乐、安全感和来自父母、家庭的爱当然更重要。因为学习是一辈子的事，随着他们年龄增长、身体强壮、获得知识和技能的能力增强，随时都可以进行，而健康的身体和心理素质则是可以支撑孩子走得更远的基础条件。换言之，如果童年不能获得安全感和父母的爱，没有获得对知识的渴望、思考的能力，堆积起来的那些所谓的知识、技能有什么用呢？“厌学”以及毕业后各种“躺平”现象不令我们痛心吗？而我们又怎么能期望在这种环境下长大的孩子在成年后能够在职场上有优秀的表现？

所以，导致教育“内卷”的原因是我们在教育这个问题上偏离了教育的本质，有社会、学校和家庭各方面的原因。但就孩子个体来说，解决这个问题的 key（关键）在家长，相对于未成年和处于劣势地位的孩子来说，家长具有优势地位和决定权。只有家长有了正确的认知和行动，才能根本解决这个问题；反之，即使学校和我们的高考政策发生了大的调整，如果家长不能积极配合，对于孩子来说，这个问题仍然无解。

再看经济领域的“内卷”，经济领域的内卷现象更复杂，原因也更复杂，包括社会、经济、政治、历史等多方面。为更好理解和解决问题，我们还是从市场经济的主体——公司角度出发做讨论：（1）员工高频率加班与公司过于精细的管理制度；（2）始于 2024 年年底的汽车行业价格战；（3）2025 年 6 月 27 日《反不正当竞争法》修订，对网络平台企业以及具有优势竞争地位企业的反不正当竞争行为进行规制。

(1)员工高频率加班与公司过于精细的管理制度

我们多次论及,公司是市场经济的最大量、最重要的主体,几乎所有的商事活动都需要通过“公司—营利法人”这种组织形式来进行,而为完成营利法人成立的目的——“取得利润并分配给股东等出资人”,公司需要对内与股东、董监高和员工建立良性法律关系,对外与供应商、经销商、银行等债权人以及政府、社区等利益相关者建立良性法律关系。只有这样,公司才能在行业竞争中具有核心竞争力并持续盈利,股东作为公司剩余财产所有者才有可能获得利润分配以及获得持续利润分配。

进一步想,实现这一目标的内驱力是谁?他们或者是有创新精神的企业家队伍(如经济学家张维迎教授一直推崇的那样),或者是有竞争力的高管团队,或者是高素质的员工队伍,多数情况下是三者兼之。平心而论,除“不用扬鞭自奋蹄的”企业家外,如果没有有竞争力的薪酬政策,缺乏关怀和尊重员工的善意的管理制度,如何能激发大家的责任心和创造力?如何能创设有核心竞争力的管理层和员工队伍?

从这个角度讲,“对员工发自内心的关怀、尊重—激发善意、责任心和创造力—公司的核心竞争力和持续盈利能力”便是一组良性循环,而循环向来既可以是良性的,也可以是恶性的。从这个角度看,员工高频率加班以及过于精细化的管理制度可能导致哪种循环呢?

(2)始于2024年12月底的汽车行业价格战

自2024年年底,国内诸多新能源汽车厂商为争夺市场份额,通过购车补贴、促销政策展开行业竞争,拉开了汽车行业价格战的序幕。汽车行业价格战不仅导致了行业的无序竞争,更重要的是,使上游汽车零部件供应商和下游汽车经销商苦不堪言:就上游汽车零部件供应商而言,在买方低于成本价采购公司产品和服务的情况下，为了生存，只能压低员工工资，进一步压榨了作为公司核心竞争力的人的生存空间。

新能源汽车行业的无序竞争，引起了中国汽车工业协会、全国工商联汽车经销商商会乃至工业和信息化部的高度关注，其纷纷出台文件，倡导企业有序竞争、公平竞争。中国汽车工业协会提出的倡议包括以下四项：一是所有企业严格遵从公平竞争原则，依法依规开展经营活动；二是优势企业不为垄断市场，挤压其他主体生存空间，损害其他经营者合法权益；三是企业在依法降价处理商品以外，不以低于成本的价格倾销商品，不进行诱导消费者的虚假宣传，扰乱市场秩序，损害行业和消费者根本利益；四是所有企业应对照国家相关法律法规进行自查整改。

试想，导致上述汽车行业价格战的主体是整车生产商，作为整车生产商，是否考虑过，价格战最终是会使哪方获益胜出，还是令行业全军覆没？对于上游零部件供应商和下游汽车经销商来说，面对处于优势地位的整车生产商的上述价格战是否敢于说“不”？如果没有有效的反对，自己还会有生存空间吗？

结论是显而易见的，这种破坏产业生态的“内卷”式竞争行为一定没有赢家。

(3)2025 年 6 月 27 日《反不正当竞争法》修订

从营造公平竞争环境、反对”内卷式“恶性竞争的角度讲，本次《反不正当竞争法》修订在法律层面给平台经营者和处于竞争优势地位的企业提出了更高要求。如第 13 条规定，经营者不得滥用平台规则等，对其他经营者实施虚假交易、虚假评价、恶意退货等不正当竞争行为。第 15 条规定，大型企业不得滥用自身资金、技术、交易渠道、行业影响力等各方面优势地位，要求中小企业接受明显不合理的付款期限、方式、条件和违约责任等交易条件，拖欠中小企业的货款、工程、服务等账款。第 21 条规定，平台经营者应当在平台服务协议和交易规则中明确平台内公平竞争规则，及时依法采取必要措施制止平台内经营者不正当竞争行为。

必须明确的是，上述规定是法律对公平竞争、建立良性商业环境的最低要求。建立良性竞争环境光靠最低要求显然不够。为此，在互联网时代，平台经营者和处于竞争优势地位的企业需要更多的担当，承担更多的社会责任。反之，即使不谈全行业的良性发展，自己的优势竞争地位也是虚假的、不可持续的。

诚如解决教育“内卷”的关键因素在家长一样，就单个公司来讲，应对经济“内卷”的关键在公司股东，因为股东在内部公司法律关系中具有优势地位，即对公司、其他小股东和公众股东负有信义义务，并通过公司这个组织形式，完成对董监高的授权、激励和约束，对员工的尊重、关怀并激发其善意和创造力。而就正确处理与供应商、经销商、上下游企业和利益相关者的外部法律关系角度来讲，作为公司产品战略的重要组成部分，其决定权自然也在股东及/或董事会。

如果作为个体的公司自己不能更好担当，那么整治全行业的“内卷”便无从期待。在这个整体供大于求的时代，更甚。

以此与各位公司股东、企业家们共勉。

张　力

2025 年 7 月 1 日 星期二 于温哥华